rimer curs de dansa

Escola de dansa

Primera edició: març del 2010
Tercera impressió: juliol del 2011

Títol original italià: *Un sogno sulle punte*

Disseny: Clara Battello
Textos: Aurora Marsotto
Coberta original i il·lustracions: Donata Pizzato
Adaptació del disseny i maquetació: Endoradisseny

www.scuola-di-danza.it

Coordinación editorial: Anna Pérez i Mir
Dirección editorial: Iolanda Batallé Prats

La Galera, SAU Editorial
Josep Pla, 95. 08019 Barcelona
www.lagalera.cat
lagalera@grec.com

Imprès a Egedsa
Roís de Corella, 16. 08205 Sabadell

Dipòsit legal: B-26475-2011
Imprès a la UE

ISBN: 978-84-246-3390-5

Aurora Marsotto

Un somni sobre puntes

Il·lustracions de

Donata Pizzato

Traducció de Mercè Ubach

laGalera

1
La plaça del Teatre

Un dia de final d'estiu, a totes les places de la ciutat regnava la pau i la tranquil·litat. A totes menys a la del Teatre.

Era l'1 de setembre, i, com tots els primers de setembre des de feia anys, la plaça del Teatre s'omplia de nois, acompanyats dels seus pares. Des de primera hora del matí es formava una gran concentració de gent que li donava vida i, a mesura que les hores passaven, una llarga cua de persones resseguia la part lateral del Teatre, on hi havia l'entrada de l'escola. El primer de setembre era el dia de l'examen d'admissió als cursos de dansa, cant i instruments.

Tota aquella acolorida multitud alegrava els botiguers de la plaça, els quals, en una mena de ritual mut, treien el cap de les botigues somrient als nouvinguts. Aquell any el negoci també rutllaria: cada vegada venien més nois.

A la cantonada, l'autobús va descarregar unes deu persones. La Violeta va ser la primera de baixar, es va posar bé la llarga cabellera pèl-roja i es va penjar la motxilla a l'esquena. I va esperar que baixessin l'àvia Paquita i la seva amiga Sílvia, amb la seva mare.

Hi havia moltes altres noies que, com elles, anaven cap al Teatre: la Violeta ho va deduir pels monyos que portaven i per la profusió de cintes de colors que voleiaven al vent lleuger d'aquell matí assolellat.

«Que bé», va pensar la nena, barrejant-se amb la gentada, «a veure si el sol em porta sort». En necessitava molta! Finalment havia arribat el gran dia!

La Sílvia la seguia silenciosa, també sumida en els seus propis pensaments. «Aquest any m'ha de sortir bé per força. No sé per què tinc por. Val més que no en parli.» I, gairebé involuntàriament, va estrènyer l'osset que duia a la butxaca de la jaqueta com un amulet.

Les úniques que xerraven eren les dues senyores: la Violeta i la Sílvia les sentien parlar des de lluny, però no volien intervenir en una conversa que se sabien de memòria.

–Si no fos per vostè! La Violeta té molta sort de tenir una àvia que se n'ocupa tant. Qui sap per què els seus pares no estan contents d'aquesta gran oportunitat... Tant de bo la meva filla estigués al lloc de la Violeta, avui! –va sospirar la senyora Wanda, la mare de la Sílvia.

–Oh, ja veurà com aquest any amb el cant li anirà millor –va resoldre l'àvia Paquita, una dona de poques paraules i decidida com la seva néta.

Mentrestant, la Violeta havia passat revista a totes les botigues de la plaça: una joieria, poc interessant; una pastisseria i un forn, d'allò més interessants! Un parell de bars amb taules a fora i un quiosc; una botiga de roba molt elegant, de vestits de nit, que ara no tenia temps d'aturar-se a mirar; una gran perfumeria i, per acabar, una botiga amb molts aparadors, tots diferents. Què hi devien vendre?

La Sílvia va veure cap a on mirava i li va donar la resposta:

–Ho has vist? És la botiga més bonica! És enorme i hi pots trobar de tot: des de les mitges puntes de ballet fins a partitures musicals, passant per xandalls i instruments... Un amic dels meus pares s'hi ha comprat un piano! I jo, la nina amb el tutú que t'agrada tant.

La Violeta continuava caminant, però no podia apartar els ulls d'aquells aparadors. L'examen de dansa li aniria com li aniria, però ella en aquella botiga hi entraria segur. Potser aquella mateixa tarda, per consolar-se.

Quan el grupet es va aturar, la noieta es va adonar que ells també contribuïen a formar la cua de gent que serpentejava cap a l'entrada de l'escola. Va començar a comptar els caps de davant seu: amb quantes d'aquelles noies competiria durant les proves? Va començar per les que portaven monyo. Amb aquestes, segur! Eren deu... Però, i si n'hi havia d'altres que pensaven fer-se el monyo als vestidors? I les que tenia al darrere? I les que tenien hora per examinar-se més tard? I les que ja eren a dins?

–M'estic posant nerviosa.

Hauria preferit no haver dit aquesta frase, però ho havia fet! Per sort, només la va sentir la Sílvia:

–Doncs calma't. Tens tots els números per sortir-te'n, tu no tens els peus com jo –va dir en pensar en l'any anterior i el seu desastrós examen de dansa.

La Sílvia s'havia passat tot l'hivern observant-se'ls, sobretot per les plantes. Sí, els tenia una mica plans. No tenia gens de pont, i cap mena de força als turmells. La seva mare també se n'havia adonat, n'estava segura, però des de petita l'havia obligat a fer dansa en una severíssima escola de ballet privada.

L'única cosa positiva era que, almenys, allà havia conegut la seva increïble amiga Violeta.

De petita, la mare de la Sílvia havia anat uns quants cursos a l'Escola del Teatre, i somiava convertir-se en una gran ballarina. Fins que, a cinquè, la van suspendre. Llavors va traslladar el vell somni a la seva filla. Però la nena tampoc no se n'havia sortit. Certament, els peus li havien millorat amb les plantilles que li va recomanar el metge de l'escola de dansa, però no tant per ser adequats per a una futura ballarina.

L'àvia de la Violeta, per sort, ho havia arreglat tot... o gairebé! Gran aficionada a l'òpera, no li havia passat per alt la veu tan bonica de la Sílvia, i aquell curs ella s'havia encarregat d'apuntar les dues noies a les proves: la Violeta a dansa i la Sílvia a cant. La Sílvia ho intuïa: després del disgust de l'any passat, aquest any ho aconseguiria!

La Violeta i ella s'havien après de memòria tots els programes de l'Escola del Teatre i no podien creure el que veien: l'escola oferia tot el que es podia desitjar (i més) per construir-se un futur d'artista! Però el que més els fascinava era el següent: si superaven el mes de prova, aquell setembre, a partir de l'octubre podrien ingressar a la residència de l'escola i, per tant... viurien soles! Però elles estarien sempre juntes!

Pensar-hi havia fet callar, tot i que per poca estona, la loquaç senyora Wanda, mentre feia cua al davant de la porta de l'escola. Novament s'havia posat a pensar en el futur de la seva filla. És clar que ja no seria ballarina, però cantant potser sí. Amb tot, això de no veure-la per casa durant la setmana, i qui sabia per quant de temps... Ho suportaria? A més, com era aquella acadèmia de musicals de què parlaven els diaris? Havia d'informar-se'n de totes passades. Potser per a la Sílvia encara hi havia una esperança en el camp de la dansa...

De sobte es va notar que algú clavava empentes a la cua.

Els dos nois ni s'havien adonat del desgavell que havien provocat, i continuaven xerrant i rient de bona gana.

La Violeta es va fixar de seguida que eren dos nois del tot diferents, i va pensar en una de les frases habituals de l'àvia: els pols oposats s'atreuen. La Sílvia no els havia analitzat amb tant de detall. Però ella havia quedat colpida, literalment colpida, per un dels dos: cabells rebels, ulls foscos, somriure simpàtic i orgullós. Com a ella li agradaven.

La Violeta havia sentit com els cridaven pel nom els seus pares, que continuaven cridant-los des de força més endarrere. Havien d'entrar tots junts...

«Alexandre i Nico. Però... quin és l'Alexandre i quin és en Nico? D'altra banda, a què es volen matricular?»

Totes dues noies estaven pensant el mateix quan per fi van entrar per la porta de l'escola.

–Violeta Rossell per a dansa. –Una veu aguda i la suau empenta de l'àvia van deixondir la Violeta.

–I Sílvia Bosch per a cant –va afanyar-se a afegir la senyora Wanda, presentant tota la documentació necessària per a l'examen a l'empleat de la porta.

Un cop trobats els dos noms a la llista, el conserge les va fer entrar en un vestíbul no gaire ampli, amb una vidriera que donava a un jardí interior.

–Entreu i espereu-vos al davant de la porta que tingui el rètol de la matèria que heu triat. No us podeu equivocar: o dansa o música.

Mentre caminaven, la Violeta va notar per primer cop un nus a la gola.

L'hora de la veritat s'acostava.

La Sílvia i ella es van aturar al bell mig del jardí.

Les dues amigues encara s'abraçaven quan la veu aguda de la senyora Wanda les va fer separar.

–Vinga, Sílvia, que és per avui! Hem de trobar on t'examines. Hi ha tanta gent... –I se la va endur agafant-la d'un braç, sense ni tan sols saludar l'àvia de la Violeta.

–Està tan emocionada... més que la seva filla! I tu, com estàs? –L'àvia Paquita va agafar la néta de bracet (gairebé eren igual d'altes) i es van encaminar cap al lloc de l'examen.

–Doncs... força bé –va respondre la Violeta, que després li va xiuxiuejar a cau d'orella–: Una mica espantada, però no gaire. És que no sé què em faran fer.

La Violeta tenia més confiança amb l'àvia que no pas amb la mare. L'àvia Paquita ho entenia tot, ho intuïa tot, i era ella qui li havia fet costat en aquesta aventura. La mare de la Sílvia tenia raó: qui sap per què no es podia pronunciar la paraula «dansa» a casa seva! Amb tot, la seva mare tenia unes cames molt boniques i primes, i els peus amb bona empenya (semblants als seus), ella s'hi havia fixat. A més, tenia el coll llarg, com les mans i els braços. En una paraula, tenia aspecte de ballarina!

I, com sempre amb el cap ple de pensaments, la Violeta es va dirigir, de bracet de l'àvia, cap a la porta que menava a l'edifici de l'examen de dansa. Aquí també hi havia una mica de cua. Paciència. Començava a adonar-se que seria un dia molt llarg. Així, doncs, es va recolzar a la barana de l'escala i va buscar la Sílvia amb la mirada. Era allà, darrere una noia amb trenetes.

Ja feia estona que la Sílvia observava el pentinat tan acolorit de la noia que tenia al davant. Estava sola, però no semblava que això la preocupés gens. És més, en notar que tenia algú a l'esquena, es va tombar de cop, allargant la mà.

La Sílvia s'havia encantat mirant la roba que duia, massa baldera, i els cabells, trenats amb moltíssimes cintes de colors.

Des de lluny, la Violeta observava l'escena, somrient.

–No tens por. Ja es veu com somrius. Probablement no saps el que t'espera!

Qui ho havia dit? Només llavors es va adonar que la cua havia crescut, i que es trobava quasi immersa en un altre grup de nenes acompanyades pels seus pares. Aquella nina de porcellana amb el monyo de professional? O aquella rossa llargaruda amb els cabells deixats anar, texans tallats pel genoll i el riure fàcil? O bé... o l'Alexandre i en Nico que eren al seu darrere?

No. Ells no. Havia estat una veu de noia.

Però en aquell moment els seus pensaments van ser interromputs per la porta que es va obrir. Per fi.

Tots els aspirants van pujar els quatre graons que tenien al davant i van entrar en una sala amb unes quantes cadires esparses i una taula al mig. La Violeta va sentir que ja faltava poc, i l'àvia, que la va entendre, li va somriure.

–D'on ets? –va dir, altre cop, aquella veu.

2
Bona sort!

La Violeta va tombar els ulls cap a la finestra i finalment va veure qui li havia parlat. Va parpellejar unes quantes vegades perquè, certament, no s'esperava que... la Blancaneu fos allà, enmig dels altres nois, i li dirigís la paraula. La Blancaneu? Sí, ella en persona!

Bé, no portava l'ampla faldilla groga, la bruseta i la diadema vermella als cabells... però tenia la mateixa cara, la pell blanquíssima, els llavis en forma de cor, els cabells negres com l'atzabeja i uns ulls grossos i foscos. Semblava una nina que hagués anat a parar per error entre aquell grup de nois i pares tan diferents d'ella.

–Em dic Violeta i sóc d'una petita ciutat a la vora del llac, no gaire lluny d'aquí. I tu?

Va comprendre que aquella noia seria una rival, una rival de les difícils! Per tant, valia més contestar-li de seguida.

Deixant de banda l'aspecte de conte de fades, aquella noia era tota una simfonia de colors pastel: pantalons blancs, samarreta blanca amb un dibuix rosa i, a sobre, una jaqueteta rosa. La seguia una enorme maleta de rodetes, rosa, naturalment.

«Què hi deu portar?», va pensar la Violeta. Ella només portava la motxilla de l'escola. Aquell matí l'havia buidat de llibres i hi havia posat una tovallola, les sabatilles de ballet roses (les boniques, les de la funció de final de curs) i el mallot negre amb l'esquena escotada. Què més necessitava? I si s'havia deixat res d'important?

Ah, sí, també portava la cinta groga amb les dues floretes. Se l'havia posat a la funció, però ara no s'hi fermaria el monyo. Havia decidit anar senzilla, sobretot per necessitat. I és que el monyo no li sortia bé, almenys no com ella volia: un monyo ben compacte, com els que havia vist tantes vegades als vídeos dels ballets i que l'Antònia, la millor de la seva escola, sí que sabia fer. Abans de la representació havia intentat imitar-la, però sense gaire èxit. Així, aquell matí va intervenir l'àvia, que no tenia experiència en dansa però que era molt hàbil amb les mans. Li va quedar una ensaïmada que no estava gens malament. Almenys és el que a elles els semblava!

De la maleta va desplaçar la mirada a les sabates de la Blancaneu: unes ballarines rosa brodades i amb lluentons, molt boniques. La Violeta no es va poder estar de mirar les seves: unes vulgars vambes, que eren molt blanques quan eren noves, però que ara només parlaven de les seves aventures estivals.

Va anar pujant amb la mirada i va descobrir que era una de les poques, potser l'única d'aquell grup, que anava amb texans. Aquell matí se'ls havia posat d'una revolada (sempre feia tard), amb una samarreta blanca. A sobre s'hi havia hagut de posar una dessuadora vermella sense mànigues. L'àvia no baixava del burro ni a l'estiu: sempre tenia por que es refredés.

«Molt elegant, felicitats, Violeta!», va ser el pensament que li va travessar la ment quan va tornar a mirar la nena que tenia al davant. Li emmarcava la cara una llarga cabellera llisa, suau i brillant, recollida amb una diadema rosa amb una floreta blanca.

–Molt de gust, jo em dic Rebeca –va somriure ella allargant la mà... naturalment de porcellana!–. Visc aquí, i aquesta és la meva mare. I aquella senyora? És la teva mare?! –va preguntar, assenyalant l'àvia Paquita amb un mig somriure.

D'entrada aquella pregunta va molestar la Violeta, que no sabia com respondre-la. Com li podia explicar que els seus pares s'havien negat fins a l'últim moment a firmar el formulari de matrícula? Que si era allà era només gràcies a l'ajuda dels avis paterns, sobretot de l'àvia Paquita?

–Que no ho veus que és la seva àvia? –va respondre algú per ella, per sort. Ho havia dit un dels dos nois que havia vist a l'entrada, el ros. I després l'altre va afegir:

–Hola, em dic Nicolau, però tothom em diu Nico. I tu Rebeca... Et dius així, oi? Vols saber d'on som? Doncs el meu amic Àlex i jo som d'un lloc màgic. Vivim en una caseta al mig del bosc, a prop de la dels set nans. Tu coneixes el nostre poble, oi? Coneixes la bruixa que porta les pomes enverinades, oi?

En sentir-lo, la noia va esbatanar els ulls. Però què deien, aquell parell?! No ho entenia, no entenia res. En canvi, la Violeta va somriure: a ells la Rebeca també els recordava la Blancaneu!

–Jo sóc l'Alexandre... però em diuen Àlex. Deixaho estar, Rebeca. En Nico sempre té ganes de broma: vivim a dos-cents quilòmetres d'aquí.

–Sí, no tenim tanta sort com la princeseta –va afegir en Nico, fent una reverència.

La Violeta es va posar a riure. La Rebeca es va tombar de cop cap a la seva mare i va deixar de mirar-los.

En canvi, ella va mirar millor els dos amics. Eren ells, els que havien causat l'aldarull a la cua. Eren simpàtics, i molt. Quin bon curs que passarien, si a ells també els admetien!

Amb aquell pensament va passejar la mirada al voltant, aturant-se en els altres nois. A més de la Rebeca, l'Àlex i en Nico, a prop seu hi havia dues nenes, no tan altes ni tan primes, que estaven xerrant, menys «roses» que la Rebeca però del mateix estil. Anaven amb les respectives mares i tenien un fort accent, que no va identificar.

Devien ser de molt lluny, va pensar la Violeta, i certament no eren com aquella altra noia de cames llarguíssimes, recolzada amb cara d'avorrida al radiador. Mirava a fora, o potser no mirava enlloc. Potser només tenia molta por, com ella, o potser només tenia ganes de tornar-se'n a la platja. Anava vestida com si acabés de tornar del mar. Sort que hi havia algú normal en aquella sala! Anava amb xancletes, pantalons curts i samarreta, sobre la qual li queia una cascada de rínxols negres. La seva mare, en canvi, anava de vint-i-un botó, enjoiada com si anés al Liceu. Segur que es devien haver barallat, aquell matí. «Quina noia tan valenta, haver-se sortit amb la seva amb una mare així», va pensar. De sobte li va caure molt bé.

La Violeta va continuar la seva inspecció i va comptar vuit noies més i sis nois, més els pares i un altre avi, que s'havia posat a parlar amb l'àvia Paquita. Potser ja s'havien fet amics, xerraven i somreien. L'àvia agradava a tothom!

No va poder continuar l'escrutini, que li feia passar una mica els nervis, perquè en aquell moment es va obrir la porta i va aparèixer una noia rossa amb cua de cavall i un paper a la mà. Va passar llista ràpidament i va recollir els papers de tots els examinands. Va comprovar que tots anessin acompanyats i va convidar el grup de nois i noies a seguir-la, mentre deia als adults que s'esperessin en aquella sala.

Hi va haver un moment d'alegre caos: alguns pares petonejaven els fills com si no haguessin de veure'ls mai més, d'altres els feien les últimes recomanacions, fins i tot tècniques, com ara: «Posa't de puntetes i somriu»; i hi havia altres adults, com l'àvia de la Violeta, que somreien i prou.

La Violeta va fer xocar la mà primer amb l'Àlex, després amb en Nico, i també amb tres nois més. Cap de les nenes no s'havia mogut, cap no havia fet aquell gest de bona sort. Fins i tot li semblava que alguna l'havia mirat malament.

Van arribar a un gran atri, on s'obrien quatre portes pintades de blau. La noia rossa que els acompanyava els va explicar:

–Les noies han d'entrar en aquella porta on hi ha dibuixada la ballarina, i els nois, a l'altra: són els vestidors. Canvieu-vos, poseu-vos el que hàgiu dut. Les noies: res de puntes! Si no porteu el calçat adequat, deixeu-vos només les mitges. Quan us hàgiu canviat, toqueu el timbre de la porta oposada a la de l'entrada i us faran entrar a l'aula de l'examen.

En silenci, tothom es va dirigir als vestidors. En Nico va saludar la Violeta amb la mà i va fer una ganyota a la Rebeca, o almenys és el que li va semblar a la Violeta. Però potser s'equivocava.

Per esborrar aquest pensament una mica negatiu, com que havia entrat l'última, va deixar la motxilla al costat de la Rebeca. Era realment bonica, amb aquella careta de porcellana. No com la seva, que només que prengués una mica el sol se li tornava del color de l'albercoc i se li omplia de pigues!

La Violeta es va tombar cap a la Rebeca i va veure que estava plorant.

PLORES PER CULPA D'AQUELL PARELL?
NO, NO...
SNIFF
VINGA, VESTIM-NOS.
HE HE
POTSER NOSALTRES APROVAREM I ELLS NO!
I SI NO APROVEM, QUÈ HI FAREM!
ELS PARES ESTARIEN CONTENTS.
EN CANVI, LA MEVA MARE EM FARIA MALA CARA MOLT DE TEMPS...
DE TOTES MANERES SERÀ DUR.
HAS VIST LES ALTRES?
NO ET SURT EL MONYO?
FES SERVIR AIXÒ.
ÉS QUE...
OH!
ET CAL UNA XARXETA.
FES SERVIR AQUESTES AGULLES GRANS!
UAU!

Una mica Blancaneu, una mica ploramiques, una mica susceptible... però al capdavall una amiga! La Violeta li va dedicar un pensament afectuós i després va mirar les altres noies que es canviaven.

Cap no s'havia posat el mallot, encara. Només duien les mitges. O roses o blanques. N'hi havia una que no en portava: s'estava posant un mallot blau cel amb les cames nues, com les nenes de primer curs!

En canvi, ella havia anat rapidíssima i ja s'havia cordat les sabatilles roses de pell suau; li havien quedat quasi noves, de la funció de final de curs. Estava acostumada a anar de pressa, perquè quasi sempre feia tard a classe de dansa: la mare sempre tenia alguna excusa per no acompanyar-l'hi, i ho havien de fer els avis. I després encara es vestia de carrer més de pressa, perquè el pare no volia esperar-la gaire estona a la sortida.

Les altres, no; es diria que gaudien d'aquell moment. Potser era millor així, posar-se les mitges amb calma, de manera que les costures quedessin rectes rere la cama, després el mallot, triant a posta el color que et venia de gust aquell dia: rosa o verd a la primavera, vermell o lila a la tardor, blau fosc o blanc a l'hivern. Per a l'estiu la Violeta no hi havia pensat: de moment només s'havia posat banyadors!

Avui, en canvi, s'havia posat el negre, el de sempre, amb un bon tros d'escot al darrere, que segons ella li feia més esvelts el coll i l'esquena. Segurament era més bonic que el de la Rebeca. Rosa, és clar, amb maniguetes, faldilleta, una monadeta. És a dir, dels que ella detestava.

A l'habitació es va fer un silenci, un silenci ple de por.

Es va formar una fila de nenes al llarg dels bancs, en direcció a la porta amb el timbre. Qui tindria l'honor de trucar?

Es van mirar als ulls les unes a les altres.

Les dues que no havien deixat de parlar des d'abans d'entrar al vestidor van callar i van fer un pas enrere, a la nena que havia preguntat si estaven a punt li va marxar el coratge, i a la Rebeca se li van humitejar els ulls. La Violeta, que detestava perdre el temps, es va dirigir cap a la porta i va allargar el braç. Va tocar el timbre amb els dits ferms.

Un ring vivaç i llarg va inundar l'aire, i just en aquell moment el cor els va començar a bategar ben de pressa a totes, sense excepció.

L'aventura començava!

3
La gran porta vermella

A l'altra banda d'aquella porta hi havia un món que els era desconegut, però al qual totes volien pertànyer, un món fet de música, color i fantasia. I ara, per fi, estaven a un pas de descobrir-lo.

Les veus van callar i un silenci irreal va envair el vestidor. La Violeta, que era qui havia tocat el timbre, va ser la primera a entrar. Aquesta vegada, cap d'elles no havia mirat d'empènyer les altres per ser la primera.

Va mirar enrere i va veure que la fila de noies arribava fins als armariets. Eren moltes, tranquil·les en aparença, però en realitat havien perdut el somriure de feia una estona.

Quantes es trobarien en aquell mateix vestidor, l'endemà?

«Falta alguna cosa... un crit d'ànims», va pensar la Violeta.

A la fi, el somriure va tornar als llavis de totes i una alegre xerrameca va envair la sala.

Fins al punt que la noia rossa amb cua que les havia vingut a rebre a la porta i que s'havia presentat com a «senyoreta Marylin» els va haver de dedicar el primer retret del dia:

–Prou! Silenci! Si us voleu quedar en aquesta escola el primer que heu d'aprendre és a estar en silenci. Sempre.

Instintivament, la Violeta va abaixar el cap i les altres la van imitar, intentant passar de pressa el llindar de la porta.

Però de seguida les van aturar.

No es passava la porta del vestidor sense haver superat l'examen de la senyoreta Marylin. Al cap de poc sabrien que era la seva monitora, és a dir, una instructora, una acompanyant i una confident, tot sumat. Però de moment la noia bonica i d'aspecte simpàtic s'havia convertit en un sergent de cavalleria... amb cua de cavall!

La Violeta es va mirar els peus. Quina sort: ella sí que s'havia cordat bé!

A l'escola de ballet, els cursos anteriors, no havia après gran cosa. Al capdavall, s'havia perdut un munt de classes, i no per culpa seva, sinó de la seva mare, del seu pare, de les vacances i també de la grip. Però les sabatilles sí que se les sabia cordar, amb els dos extrems dels llaços ben amagats!

Havia après a fer-ho tan bé perquè, a diferència de les seves companyes, que no hi donaven importància, ella sabia que saber-se-les cordar perfectament era un primer pas per arribar a fer puntes.

En passar per davant de la Violeta, la sergent Marylin va aprovar-li les sabatilles i el monyo, però la cua de cavall se li va moure lleugerament quan es va fixar en el mallot i l'escot que duia.

«És veritat, no és gaire "acadèmic", però tant és!», va pensar la Violeta.

Era el mallot de la funció de final de curs, de la peça de dansa contemporània, i a ella li encantava. Havia ballat molt bé aquella peça, o sigui que li portaria sort. Ella no tenia ni ossets, ni nines ni res de tot això. Però tenia un mallot que la feia semblar una mica més gran del que era –o almenys s'ho pensava–, i només faria la prova vestida així!

De manera que primer obstacle superat: la Violeta va córrer rabent cap a l'aula, seguida de la Rebeca, que havia superat el control amb un somriure d'aprovació de la sergent Marylin.

Per sort, perquè si no s'hauria posat a plorar. A més, en el fons la Violeta sí que estava una mica espantada, malgrat el mallot que duia, i entrar-hi amb algú que coneixia la confortava...

Però en aquell moment un xiscle de la senyoreta Marylin les va fer aturar:

–I vosaltres a on us penseu que aneu, a un ball? –La veu es va perdre al vestidor i la fila va haver d'aturar-se, mitja a dins i mitja a fora.

–Ho ha dit a aquelles tres, les has vist? –va xiuxiuejar la Rebeca a la Violeta, i va afegir–: Volien entrar sense recollir-se els cabells. I la nena amb el xandall de gimnàstica? Creus que li deixaran fer l'examen? Tampoc no porta les sabatilles de ballet...

La Rebeca les havia analitzat de dalt a baix: per a ella totes eren rivals temibles.

–Oh, jo estava concentrada cordant-me les sabatilles, no m'he fixat gaire en les altres... –li va respondre la Violeta, que començava a impacientar-se. Volia entrar a l'aula de seguida: no n'hi devia haver per a tant, de l'examen...

Finalment, després d'agafar un ascensor, van arribar al davant d'una gran porta vermella, tancada.

De l'interior provenien unes notes de piano encoixinades. A la sala encara hi devia haver les que s'examinaven abans que elles.

Haurien d'esperar.

Llavors, unes nenes es van posar a xiuxiuejar, molt i molt fluixet... però una simple mirada de la senyoreta Marylin les va fer callar.

La Violeta observava la Rebeca: la nena continuava obrint i tancant els punys. La por li havia fet tornar encara més blanca la seva cara pàl·lida.

La Violeta, en canvi, curiosa com de costum, explorava amb la mirada l'ambient que l'envoltava. Els ulls se li van posar en el llarg passadís de parets blanques, el terra gris i la gran porta lacada de vermell.

La noia que havia parlat es deia Ariadna, o almenys és el que havia semblat entendre a la Violeta quan les havien cridat. Als vestidors havia trigat moltíssim a enrotllar-se els rínxols negres al monyo, que li havia quedat força malament. Després s'havia posat un mallot de color gris perla amb un drapejat al davant que li emmarcava l'escot en forma de V, i totes l'havien mirat perquè... bé, perquè li quedava superbé!

La Violeta no en sabia res, d'aquesta Maria Taglioni. A casa no tenia cap llibre sobre dansa, només un devedé d'*El trencanous*, regal de l'àvia. Potser ja ni funcionava... L'havia mirat moltes vegades, però només quan la mare no era a casa. I després, a internet havia vist algun fragment de ballets i alguna web de ballarins famosos. També havia pogut trobar els títols dels ballets que es representarien aquell hivern al Teatre. Però de la Maria Taglioni no en sabia ni un borrall.

En sentir el que deien les seves companyes es va posar vermella no com els seus cabells, però gairebé. Sort que les pigues, que odiava tant, de vegades li dissimulaven l'enrojolament! Va decidir que, en acabar l'examen, aniria a la gran botiga de la cantonada i compraria un llibre d'història de la dansa. I segurament hi trobaria informació sobre la vida de la Taglioni i sobre tots els ballets que havia interpretat. Així no faria més el paperot!

Però ara la porta vermella s'estava obrint i les seves companyes i ella van fer un pas endavant instintivament. Totes van intentar mirar a l'interior, però es van veure obligades a retrocedir a causa de la gran quantitat de noies que en sortien xerrant, i no precisament en veu baixa.

No hi havia temps de demanar-los com era l'examen, però van poder sentir el que comentaven.

–Que l'has vista, aquella, quines cames? On pretenia ficar-se-les: a les orelles?

–No m'esperava fer només dues cosetes de principiant! Si m'haguessin fet posar de puntetes...

–Jo em pensava que ens farien ballar!

Les dues primeres van sortir sense ni mirar el grupet de nenes que esperaven per entrar, i ja enfilaven el passadís que conduïa al vestidor quan les nenes que s'esperaven van sentir altres veus.

–Doncs a mi no m'ha sortit ni un *demi-plié* decent amb tants ulls clavats damunt meu! –El comentari l'havia fet una morena que, eixugant-se una llàgrima amb la mà, va afegir, adreçant-se a la seva amiga–: Nora, jo estic acostumada a la meva mestra, no a totes aquestes persones amb cara de jutge. Qui era aquella dona de cabells curts i ulleres, que ens mirava per sobre dels vidres? Qui s'ha pensat que és?

–És la directora, que no t'hi has fixat?

La Nora era la nena que tancava el grup. Era bonica; no, era decididament preciosa. Tenia el coll llarg, llarguíssim. I quines cames, quins braços, quina manera d'estar... Portava un mallot blanc molt senzill i sense mànigues, amb un escot harmoniós... Era harmoniosa en tot!

En un instant la Violeta va captar que l'examen devia ser ben difícil si les altres en sortien així. Només calia esperar que de nenes com aquella no n'hi hagués gaires!

Immersa en aquests pensaments, la Violeta no s'havia adonat que havia arribat el moment d'entrar i que la Rebeca ja li havia passat al davant.

Va notar com les altres l'empenyien i deixaven enrere la porta vermella. Tot d'una, ja eren dins l'aula.

Cap d'elles no se l'esperava tan gran. Era immensa, amb les parets del tot cobertes de miralls, als quals hi havia fixades unes barres dobles. Des d'un gran finestral es veien les teulades de la ciutat, talment com si la sala estigués suspesa al cel.

«Amb aquestes vistes no sé com podré concentrarme...», va pensar la Violeta.

Al fons de la sala es veia una taula llarga, ocupada per unes quantes persones, amb els ulls posats en les noies que acabaven d'entrar.

La Violeta les va comptar d'una revolada: eren cinc, tres dones i dos homes.

Al centre de l'estança, dreta, les esperava una senyora vestida de professora de dansa, és a dir, amb mallot, faldilleta de vol i sabates toves de taló baix. Tot, de color negre.

En aquell moment la Violeta va sentir dir el seu nom i va seguir les altres en una fila recta i molt acolorida, mentre observava de cua d'ull les reaccions de les seves companyes.

ENDAVANT, NOIES.
POSEU-VOS A LA BARRA.
LA MÀ DRETA A LA CINTURA.
PUNTES OBERTES I TALONS JUNTS.
UNA PETITA FLEXIÓ...
...I SALTEU.
QUATRE VEGADES.
DE CARA A LA BARRA.
I ARA, LA PRIMERA POSICIÓ...
I DESPRÉS TIREU EL CAP ENRERE.
TU, LA PÈL-ROJA, EL CAP DRET!
ACC

Semblava que per a la Rebeca tot fos molt fàcil. La Violeta, que la tenia al costat, s'havia fixat que podia baixar molt amb el cap. I per mirar-la s'havia guanyat una esbroncada. I és que no passava desapercebuda, perquè era l'única pèl-roja!

Llavors totes les noies es van quedar amb la boca oberta. Perquè la nova ordre, donada aquest cop pel senyor més jove dels que seien a la taula (que tenia aspecte de ballarí i, a més, era guapo!) va ser que seguessin a terra i s'obrissin de cames tant com poguessin.

Aquí la Rebeca va donar el millor d'ella mateixa. A diferència de totes les altres, de seguida va fer un espagat frontal, com si res. Qualsevol n'hauria tingut prou, però ella no. Així, es va flectir cap endavant i va col·locar el cos perfectament paral·lel al terra, va estirar els braços al llarg de les cames fins que va arribar amb les mans al coll del peu, després les va enretirar i es va aguantar la barbeta.

Aleshores la Violeta va tancar les cames i es va aixecar. Va comprendre que l'únic consol que tindria seria un tall de pizza i potser un llibre sobre Maria Taglioni.

El fet veritablement estrany va ser que la Violeta, a diferència de quasi totes les altres noies, es va aixecar com una veritable ballarina, però sense serne conscient.

Havia estat la seva mestra qui havia dedicat tant de temps a saludar, a ajupir-se i a tornar-se a aixecar. Deia que era importantíssim fer-ho bé, amb les mans i els braços ben sostinguts, i que aquests pocs moviments distingien els que estudiaven seriosament dels que ho feien només com un passatemps.

Va ser així com la Violeta va captar l'atenció de tots els examinadors, incloent-hi la directora. No li van treure els ulls de sobre ni quan va fer els últims saltirons que els havien demanat, ni quan va haver de caminar al ritme de la música.

En efecte, a la sala hi havia un piano amb pianista, una noia molt guapa, amb els cabells llargs i un aspecte una mica agitanat que la Violeta, amb tot l'atabalament, no havia vist fins llavors.

Per fi, la primera part de l'examen s'havia acabat. La Violeta estava del tot suada, com les altres, però encara van haver de posar-se en fila i estar ben dretes, com soldadets.

No va ser fins aleshores que la directora es va aixecar, es va posar les ulleres a la punta del nas i, mirant les noies d'una en una, va dir:

–D'aquí a un parell d'hores, a la finestreta de la

consergeria trobareu un full amb els noms de les noies que han superat aquesta primera prova i que a la tarda hauran de tornar per sotmetre's a la revisió mèdica. A les que la passeu us avisaran per telèfon i us haureu de presentar demà passat al matí per assistir a una lliçó breu, aquí en aquesta sala. Ja se us notificarà l'horari. I ara podeu anar als vestidors. Caminant l'una darrere l'altra. En silenci, sobretot, i sense empentes. Gràcies.

Com per art de màgia, la porta vermella es va obrir i va engolir en un segon totes les noies, que aquest cop van sortir en un silenci absolut i lentament, acompanyades per la mirada dels examinadors.

Després, la porta vermella es va tancar a la seva esquena.

4
Al bar Groc

El silenci va durar el que la porta va tardar a tancar-se, i el passadís es va omplir de veus i rialletes. La sergent Marylin no va poder contenir tota aquella onada d'alegria, ràbia i emoció que es dirigia al vestidor i que se sumava a altres veus encara més fortes que sortien per la porta de l'altre vestidor, el dels nois.

Ells feia estona que havien acabat i, ja vestits, s'encaminaven cap a la sortida.

–I ara què fem? –va preguntar l'Àlex a en Nico mentre tancava la bossa.

–Anem a dinar... Em moro de gana!

–Però com t'ho fas per tenir gana? D'aquí a un parell d'hores sabrem si ens han admès!

–I què vols, que estigui en dejú? Escolta, he dit a la meva mare que m'esperés al bar del tendal groc. Prenem una mica el sol, dinem i després tornem a veure les llistes. Espero que no tinguis por! –va dir en Nico amb un somriure, mirant el seu amic.

–No, no és això... És que estic una mica nerviós. Has vist aquell parell, al costat de l'armariet, com es movien? –va dir l'Àlex.

–Sí, els he vist. Fan *breakdance*: amb la dansa moderna potser se'n surten, però ai si els poses a la barra! I hem de passar la revisió mèdica. Ja veuràs quina escabetxada. I t'has fixat en aquell noi amb cos de ballarí? Com es diu?

L'Àlex ja s'encaminava cap a la sortida de l'escola.

–Ho he sentit quan ens cridaven: Julio Morales. Deu ser cubà, argentí o alguna cosa així...

–Aquest sí que passarà. Ha estat el millor! –va concloure en Nico, sospirant–. I, silenciosos per un cop, se'n van anar cap al bar del tendal groc.

Mentrestant, a l'altre vestidor, i una vegada passada l'eufòria del final de la prova, tornava a regnar-hi un silenci feixuc. Cada nena s'havia assegut al davant del seu armariet i s'havia tret les sabatilles. Només amb aquells moviments ja s'intuïa quina estava molt familiaritzada amb la dansa i quina no.

Totes intentaven sortir d'allà com més de pressa millor, per oblidar la prova. Totes menys una, que es canviava amb molta calma. Els cabells llargs i rossos li queien per les espatlles; feia estona que devia haver-se desfet el monyo. Era aquella noia tan guapa que havien vist sortir del grup de la prova anterior.

–L'has vist? –La Rebeca no podia estar callada–. No sap ni com es pleguen les sabatilles ni com s'enrotllen les cintes! Em sembla que no en sap gens, de dansa... Però has vist quines cames? –va afegir, amb un somriure preocupat.

La Rebeca volia començar a eliminar alguna rival i fer-se una composició de lloc sobre qui li havia de fer por aquella tarda. La Violeta, en canvi, la mirava només amb curiositat: volia saber si es farien amigues. Si és que l'admetien a l'escola a ella, és clar! Perquè després del paperot d'haver-se aixecat abans que els ho diguessin i, a més, el retret perquè havia tombat el cap i aquells ulls fixos en ella... Tenia poques esperances.

En aquell moment va notar una fiblada de gana i es va recordar de la proposta que havia fet abans de sortir del vestidor.

–Esteu a punt, doncs? Anem a menjar una pizza?

Com si hagués entrat una alenada de vent per la finestra, aquella frase va fer espavilar totes les noies i les va alegrar.

Les respostes es van superposar en un cor de «Sí!», «Va, anem!», «Jo no puc!», «Ho he de preguntar a ma mare», «La meva segurament no em deixarà...».

Al final la Violeta i la Rebeca només van posar-se d'acord amb tres noies més: una tal Sofia, amb els cabells curts (el monyo era postís, i totes van riure quan hi van caure), la Marina, la morena a qui havia costat tant fer tots els exercicis (ella i la dansa no devien tenir gairebé res a veure), i la seva amiga Nora, la noia que havia trigat tant a vestir-se.

Totes juntes es van encaminar a la sortida.

La Nora va trobar la seva mare al vestíbul, una mica enfadada pel retard. Però devia ser simpàtica, perquè de seguida va acceptar la proposta de la pizza. Les mares de la Marina i de la Sofia van posar-hi algunes objeccions, però al final es van sumar al grup. La mare de la Rebeca, en canvi, ja havia reservat taula en un restaurant i la insistència de la Violeta no li va fer cap efecte. Segons la Violeta, aquella dona no devia ser la mare de la Blancaneu, sinó la madrastra. Amb la Rebeca, a qui, com sempre, li havien saltat un parell de llàgrimes, van quedar que es veurien al cap de dues hores.

A la sortida, ni rastre ni de l'àvia ni de la Sílvia. A la Violeta no li va semblar estrany, perquè l'àvia no parava mai quieta i potser ja tenia gana, o potser no li havia vingut de gust esperar-la en aquella habitació tan lletja. Segurament era a la plaça, gaudint del solet del setembre!

Efectivament, la va trobar asseguda en una tauleta del bar Groc, amb la Sílvia, la seva mare i la nena de les trenetes de colors. En una altra taula propera hi havia l'Àlex i en Nico, amb els seus pares.

La Violeta va córrer de pressa cap a la seva amiga de l'ànima.

–Sílvia, ja has acabat? Jo he sortit ara mateix!

–Seu, que demanem de seguida. Deus tenir una gana... –va somriure l'àvia Paquita.

–És que elles també vénen: la Nora, la Sofia, la Marina i les seves mares.

–I nosaltres també ens hi apuntem! –L'Àlex i en Nico s'havien aixecat, seguits pels seus pares.

Ara, tots drets, es donaven les mans, i els nois repetien en veu alta els seus noms. En una paraula, un gran batibull, que va cridar l'atenció de tres cambrers.

En un tres i no res, i sense que ho haguessin demanat, van parar un parell de taules sota el gran tendal groc: una per als pares i una per als nois.

Encarregar el dinar va ser fàcil: pizza Margarida

i aigua natural per a tots. Ho va dir el cap de cambrers, que va afegir:

–Heu de fer un dinar lleuger, que aquesta tarda teniu metge!

Els nois van obrir uns ulls com taronges: o sigui que ell també ho sabia?

La pizza va ser despatxada de pressa, entre converses i rialles. La Jennifer també hi deia la seva. «*I love pizza, and you?*», preguntava, a tots en general. «*Do you like pizza, Violeta? Do you like pizza, Nico? And you, Nora? Pizza is wonderful!*»

I l'Àlex, que ja no podia més amb la Jennifer i el seu entusiasme per la pizza, va dir:

–*For Jennifer, pizza forever!*

Per part seva, en Nico, que fins llavors havia tingut la vista fixa al plat, mentre gaudia de cada mossegada, la va aixecar i va quedar colpit per la Nora. Mentre dinaven no li havia prestat gaire atenció. S'havia fixat que era maca, però tenia moltíssima gana, i ell, amb les coses de l'estómac, no hi jugava. Ara la mirava per primer cop, i la trobava guapíssima...

Però no va tenir temps de dir-li res perquè l'Àlex havia aconseguit aturar aquell vendaval de la Jennifer, tot i que per poc temps. Perquè la noia ja hi tornava:

–*Do you like breakdance?* –va preguntar a la Nora.

–*Breakdance?* –va respondre ella, sense entendre la pregunta.

–Pregunta si t'agrada el *breakdance*, potser vol saber si també era a l'examen –li va explicar l'Àlex. Tots van empassar saliva de cop.

La Sílvia, que no sabia prou anglès però que ja s'havia fet amiga de la Jennifer, va intentar explicar-li:

–Ells s'han examinat de dansa clàssica, *classic dance*, saps? La que es balla de puntetes i amb el tutú.

–Sí, nosaltres també volem ballar amb tutú, oi, Àlex? –va fer broma en Nico.

–És clar, i també amb les puntes!

Llavors es va armar un gran enrenou, perquè tots els nois van fer un petit brindis, entrexocant els vasos i dient: «Tutú!»

La dringadissa dels vasos va sorprendre els clients de les altres taules. Els pares, des de la seva taula, els van renyar, tot i que en el fons allò els havia divertit.

La Violeta es moria de ganes de saber què els havien fet fer a l'examen a la Sílvia i la Jennifer.

–I doncs, com us ha anat? –va preguntar, prement la mà de la seva amiga, que tenia asseguda al costat.

–No ho sé, la veritat és que no ho sé. M'han demanat que cantés una cançó... Havíem de portar preparada alguna cançó que haguéssim treballat molt...

–I tu portaves «Au claire de la lune», oi?

–Sí, i l'he cantat en francès!

–Les vegades que te l'ha fet repetir, la teva mare! –Però la Violeta es va mossegar els llavis: tenia la senyora Wanda just a l'esquena! Per sort, però, no havia sentit res, dedicada com estava a escoltar els pares d'en Nico, que ho sabien tot sobre aquella escola de musicals de la qual es parlava tant.

–A més –va prosseguir la Sílvia, que havia atret l'atenció de tots els altres nois, curiosos de saber alguna cosa de l'examen de cant–, m'han fet llegir unes quantes notes i m'han preguntat si sabia seguir el temps de la música amb les mans. He començat a ferho primer amb ells i després sola. Em penso que m'ha sortit bé. –I va afegir en veu baixa, només per a la Violeta–: M'han dit que la Jennifer ha agradat molt als professors perquè ha solfejat molt i molt bé, i a més refilava; en una paraula, feia les escales musicals amb facilitat. I jo no, jo això no ho he fet mai...

–Va, Sílvia, que aquest cop passes segur! –la volia consolar la Violeta. A més, la Jennifer no podia ser l'única escollida!

–O sigui que tens bona veu, oi, Jennifer? –va ficar-hi cullerada l'Àlex–. Què ens cantaràs?

Mentrestant, en Nico acabava de mirar el rellotge dissimuladament. Només faltava mitja hora perquè pengessin les llistes. Li estava agafant una por, però una por de les que fan anar el cor a mil. Ell, sempre tan orgullós, no podia demostrar als altres que estava ben acovardit. De cap manera. Sobretot, l'Àlex no podia saber-ho.

La Jennifer, que havia entès la invitació de l'Àlex, va començar a cantar en veu baixa. Es tractava d'una cançó de bressol, d'una sola estrofa, que anava repetint en veu cada cop més alta. Tota la gent asseguda a les taules es va girar i al final la van aplaudir ben fort.

–Molt bé! Bravo!

–Deu ser una alumna de l'Escola del Teatre.

–Doncs que bé que els preparen!

–Quin curs deu fer?

Un murmuri es va superposar als últims aplaudiments i la Nora es va posar dreta inesperadament.

BONA SORT!
BONA SORT A TOTHOM!
L'ÚLTIM NO APROVA!
BAR PIZZERIA

En Nico i l'Àlex, perseguits per totes les noies, que arrossegaven bosses i motxilles amb penes i treballs, no van sentir els seus pares que els cridaven.

Els adults es van afanyar a pagar el compte del que a hores d'ara per a tots era el «bar Groc», i els van seguir. Acabaven d'arribar a l'escola quan es van adonar que estaven a punt de penjar la llista dels admesos: a tots el cor se'ls va accelerar, més que als seus fills.

S'estava creant l'equip de dansa, però no tots en formarien part. No hi feia res! Havien viscuts moments preciosos. A més, podrien continuar sent amics encara que estudiessin una altra cosa, oi?

La Violeta estava pensant en tot això quan va entrar a la consergeria de l'escola. Els resultats de l'examen de dansa ja estaven penjats i, al davant de les llistes, s'havia format un grup nombrós de nois i pares, que tapaven els noms dels admesos. Al costat, hi havia també les llistes dels de cant i música.

Llegir-los era massa difícil. La Violeta es va tombar cap a la sortida: total, segur que ella no hi era. Però un «Violeta!» la va fer girar.

5
La porta blava

–Violeta, Violeta! Te n'has sortit! –va imposar-se la veu d'en Nico per damunt de la xerradissa de la sala.

Algú es va tombar cap a ell, i després cap a la Violeta. De sobte, la noia va notar que tothom la mirava.

–Que bé –va balbucejar–. Que bé –va repetir.

Es va tombar cap a la sortida i, amb un parell de passes, va arribar al vestíbul de l'escola. A la porta, per fi va poder respirar. L'aire li va passar dels narius als pulmons a un ritme regular; respirava com després d'una gran correguda, intentant empassar-se tant d'oxigen com podia. Mentrestant, l'àvia se li havia acostat.

–I...?

–He passat –va mussitar amb veu feble, més per a ella mateixa que per a l'àvia.

–M'hi acosto per llegir el teu nom –va dir l'àvia, que l'havia entès més pel gest del cap que per la frase–. Sembla que no te n'alegris: estàs blanca com la paret. Si ho vols, Violeta, ens en tornem a casa –i, agafant-la de bracet, la va fer tornar entrar a l'escola–. Vaig a mirar-ho jo, després ens prenem un bon gelat i ens en tornem cap al poble!

A dins, la temperatura del local, i dels ànims, havia pujat. Les llistes penjades eren inaccessibles a la vista, ocultes rere un munt de caps i braços, que formaven un grumoll difícil de desfer.

La Violeta es va deixar anar de l'àvia i es va recolzar a la paret contrària. Finalment lliure, va mirar tota aquella massa de pares i nois amb una barreja d'estupor i mareig.

–Et refies d'en Nico, oi?

Es va girar de cop; no era l'única que observava l'escena. Asseguda a terra amb les cames encreuades, hi havia la Nora.

–Sí, m'ha dit que he passat. Però jo, en comptes que em premsin d'aquesta manera, m'estimo més esperar i mirar la llista amb calma d'aquí a una estona, tota sola –li va respondre la Violeta, observant-la des de dalt i reconeixent-li una bellesa extraordinària fins i tot en aquella postura.

–Has passat com jo, la Rebeca, l'Àlex i en Nico. Els altres no els conec. Ah, sí, i també un parell de les que s'han examinat amb mi. –La Nora parlava mirant cap endavant com si es tractés de persones llunyanes.

Se'ls va afegir en Nico, que, mirant la Violeta als ulls, li va dir en veu baixa:

–La Nora no ha passat. Em sap greu, és tan maca i segurament ho ha fet bé. En canvi la Rebeca sí que ha passat. No podia haver estat al revés?

La Violeta va somriure i li va fer un gest perquè mirés cap avall. En Nico es va tornar molt vermell.

–Oh, ho sento, Nora, jo... Oh, vull dir, em sap molt greu que no hagis aprovat!

–Però jo sí que he passat! –va contradir-lo la Nora, aixecant-se de sobte.

–Doncs el teu nom no hi és...

–Sí que hi és. Mira-ho bé. Elionor Nicolau –va dir ella, abaixant la mirada.

–Elionor?! –es va exclamar en Nico.

–Elionor?! –es va sorprendre la Violeta.

–Sí, Elionor, com les reines medievals, però em diuen Nora, amb una «a» de més, entesos? –va respondre ella esbufegant i tornant a seure a terra amb gest avorrit–. A quina hora és la revisió mèdica? M'estic cansant –va concloure, traient-se una goma de la butxaca i fent-se una cua ràpidament.

–A les tres, no falta gaire. –L'àvia de la Violeta s'havia sumat al grupet i els posava al corrent de tot, mentre donava unes bufetadetes suaus a la galta de la néta–. El teu nom hi és, ho he comprovat. I he vist que també ha passat la Sílvia. Sort, perquè si no, la pobra noia, amb la mare que té...

–La Sílvia també? Ara sí que estic contenta!

La Violeta, sense pensar-s'ho, va sortir al jardí corrents i, amb les mans a les butxaques, va començar a saltironejar. En Nico i l'Àlex la van seguir i, imitant-la, li anaven passant el braç per sota el seu ara l'un ara l'altre, en una dansa popular improvisada.

Clap, clap, clap. Algú els aplaudia.

–Molt bé, veig que esteu de bon humor i m'imagino que heu superat la prova.

El jove professor que havia impressionat les noies durant l'examen era allà, dret al seu davant.

En sentir-lo, el ball es va interrompre i els nois es van deixar anar, abaixant el cap.

«La primera esbroncada, ho veig a venir. Canvies d'escola i d'amics, però les esbroncades no canvien!», va pensar en Nico.

«Molt bé, així ara em coneixerà de més a prop. És el que abans m'ha mirat malament perquè m'he aixecat abans d'hora... perquè he torçat el cap... Només em faltava això. M'hi jugo la segona prova, n'estic segura!», va pensar la Violeta, enrabiadíssima amb ella mateixa. Per què no podia estar-se quieta com els altres?

L'Àlex, en canvi, va seguir movent-se una mica, i va anar parant a poc a poc, com si hagués sentit ploure. Amb passos lleugers i elegants, es va posar al costat dels altres dos i va somriure al professor.

–Molt bé, ara que heu parat, us recordo que el metge us espera per veure si teniu el físic adequat per ballar. És la porta blava amb una creu vermella pintada. Ah, me'n descuidava... Em dic Oliver Scott i sóc el sotsdirector de l'escola. Normalment, aquí les emocions personals no s'exterioritzen. Però avui és el dia de l'examen, heu passat la primera prova i faré veure que no he vist res. Però que no es repeteixi! I ara aneu al metge, que ja són les tres! –va acabar, i va desaparèixer rere la porta de la consergeria.

Els nois es van quedar com petrificats.

La Violeta va ser la primera a encaminar-se cap a la porta blava, amb la frase donant-li voltes pel cap: «Però que no es repeteixi!» Què volia dir? Potser ja havien decidit admetre'ls i ells no havien de tornar a portar-se així? I si la revisió mèdica no anava bé? Com ho sabia, l'Oliver, que la passarien, i que també superarien l'última prova? Segurament havia dit allò només per espantar-los.

I, amb aquest últim pensament, la Violeta va obrir la porta blava.

Va entrar en una bonica avantsala amb el terra blau i les parets blanques plenes de fotografies de ballarins en diferents postures. A les fotos, en color i en blanc i negre, hi havia coses escrites: dedicatòries, agraïments... i totes estaven firmades. La Violeta va llegir els noms de les ballarines i els ballarins més famosos. Aquells dels quals sempre parlava la mare de la Sílvia.

A la sala hi havia altres nois, i tots miraven enlaire, intentant endevinar quin ballet representaven.

–Aquell és Don Quixot? –va preguntar en Nico.

–No, és Albrecht. És el príncep de *Giselle*! –va respondre molt segur l'Àlex, que a casa tenia molts llibres de dansa. Eren de la seva mare.

–I aquella d'allà?

–És la Bella Dorment, fixa't quin tutú rosa tan bonic, que ben brodat... –Bah, aquesta era fàcil, i fins i tot la Violeta va poder participar en l'estrany joc d'endevinar personatges.

En sentir aquella veu, la Violeta es va tombar: a la porta de la sala d'espera hi havia un senyor bigotut i rinxolat, amb un somriure simpàtic.

Efectivament, mentre estava concentrada mirant les fotos, l'habitació s'havia omplert i ara es podia dir que estava de gom a gom de debò.

–Farem una cosa –va prosseguir el metge, després de donar un cop d'ull general i d'haver-los comptat tots mentalment–: els nens que vagin amb la doctora i facin l'electrocardiograma. Les nenes que vinguin primer amb mi i després farem el canvi, d'acord? –I, sense ni esperar un gest d'assentiment, va desaparèixer dins el seu despatx.

Els nens van començar a separar-se en dos grups, i els primers van entrar als consultoris.

La Violeta es va quedar amb l'Àlex mirant les fotos. Que bé, esperar-se així. No havia vist mai res semblant: quantes ballarines famoses totes juntes, i quines postures, quins passos tan difícils! I quines puntes tan ben fetes! Ho aconseguiria, ella?

–Mira quin *jeté* –va dir l'Àlex, assenyalant la foto d'un noi que volava, literalment.

–Et toca a tu, vine. –Una noia vestida de blanc, que devia ser una infermera, va tocar la Violeta a l'espatlla i la va conduir al despatx del metge.

La noieta, amb el cap encara a les fotos, es va trobar gairebé sense adonar-se'n descalça i al damunt d'una peanya baixa de vidre. El metge li observava les plantes dels peus!

En aquell moment a la Violeta el cor li va començar a bategar molt fort. I es va recordar de l'electrocardiograma.

«Oh, Déu meu, no ho aconseguiré mai, mai. I si tinc els peus com la Sílvia? No m'havia dit que se'ls miraven de tan a prop!»

La Violeta estava convençuda que tenia dues llesques de pa en comptes de peus, i que, a més, tampoc no tenia gaire to muscular.

Massa pensaments al cap per adonar-se que la infermera li aixecava els braços, el metge li observava els genolls, els turmells i les espatlles... i ella executava tots els moviments que li feien fer com una nina.

–I doncs, et despertes o estàs somiant que ja ets dalt l'escenari?

–No, no, no somio... –La Violeta es va deixondir i, mentre baixava de la peanya, no es va poder controlar–: Sisplau, digui'm de seguida que no serveixo, que tinc els peus plans, els turmells lletjos i les cames tortes i...

–...i el coll tort, les espatlles caigudes, els malucs mal posats... I podria continuar, saps? –va dir el metge, rient.

–És que no puc suportar haver de...

–Esperar la trucada? Sí, és molt lleig, ja l'hi he dit a la directora. Però aquí qui mana sóc jo, i el que m'interessa és la vostra salut. Encara que no entenc que hàgiu de fer tants sacrificis. Perquè aquí se'n fan, i molts, saps? Tants, que ni t'ho imagines...

La Violeta el mirava per primer cop, admirada. Això era parlar: per fi algú deia les coses pel seu nom, sense embuts. El metge li va somriure i va continuar:

–Saps què farem? Com que ara has d'anar a ferte l'electrocardiograma i has d'estar tranquil·la, promet-me que et calmaràs. Després, vés amb la doctora i, quan hagis acabat, surt a fer una bona passejada pel jardí.

Amb aquests pensaments la Violeta es va estirar a la llitera de cardiologia, mentre el cor li galopava (però no gaire) dalt d'un pura sang, es capbussava al mar, corria sense alè saltant obstacles i brandava un floret amb audàcia.

–Desperta, petita, estàs bé: tens un cor de campionat!

La Violeta no va sentir ben bé el que li deien, però «bé» i «campionat» sí. Llavors... potser ho havia aconseguit! Però, i els peus?

Es va vestir d'una esgarrapada i va córrer a fora, no a la sala d'espera, sinó a buscar l'àvia al jardí. Però abans es va trobar la Sílvia i la Nora.

–Anem, Elionor? –La mare de la Nora s'erigia com una estàtua grega al bell mig del jardí. Era guapíssima, tenia els mateixos cabells llargs i rossos que la filla. La semblança era impressionant.

–Sembla la Nora de gran, oi? –va xiuxiuejar la Sílvia. Sí, la Violeta també ho pensava.

–Mama, ens han dit que si ens esperem una mica ens diran els resultats. Va, esperem-nos. A casa tot va bé, amb la Lavínia, oi? Jo no vull haver d'esperar la trucada!

La Violeta no havia pensat que esperar la trucada a casa podria ser un problema. Si arribava tard, a casa hi hauria el pare i la mare, que agafarien el telèfon... I si no l'hi deien? I si contestaven: «Gràcies, però no ens interessa», o bé: «No, la Violeta només ha fet l'examen per saber si podria fer dansa, però no a la vostra escola»?

No, no. Ella es quedaria fins al final. Lligada a la porta, si calia, però no hauria marxat d'aquella plaça abans de saber el resultat!

Sort que en aquell moment també arribaven l'àvia Paquita i la senyora Wanda. Pobreta àvia, amb la motxilla que la Violeta s'havia descuidat d'agafar quan havia corregut al jardí!

Va ser la mare de la Sílvia qui va salvar la situació:

–Jo no penso tornar a casa sense saber el resultat de la prova. L'any passat no m'ho van dir fins l'endemà, després d'haver-los trucat mil cops!

La Violeta i l'àvia es van mirar: totes dues sabien de què anava, perquè havia explicat l'anècdota durant tot un any, enriquint-la cada vegada amb nous detalls!

–Doncs llavors anem tots a menjar un gelat, que encara fa calor. Si no tenim pressa per tornar, esperem-nos aquí, així les nenes es relaxaran una mica. Esteu cansades, oi? –La mare de l'Elionor va somriure a les nenes. Havia tingut una idea genial: vet aquí el que els convenia, un bon gelat!

6
El segon veredicte

La llum rosada de la posta de sol inundava la plaça i creava una atmosfera de fogosa alegria a la taula situada a la dreta de l'entrada del bar Groc. Una taula plena de copes de gelat, ja buides.

–Sí, és clar... –L'àvia Paquita no podia més d'escoltar la mare de la Sílvia–. Violeta, vaig un moment a aquella perfumeria. Tu queda't aquí, que quan torni anirem a l'escola. Però si no ens diuen res, haurem de tornar a casa. No ens podem quedar pas aquí tota la nit!

Les noies estaven nervioses. Després del gelat, es preguntaven quin seria el veredicte. A més, la cosa no acabava aquí: si la revisió mèdica havia sortit bé, al cap d'un parell de dies tindrien una altra prova. I, a partir de la setmana següent, tot el mes de setembre estarien a prova. I després un curs... I així cada any, fins a obtenir el diploma. I sense oblidar l'escola! L'escola i l'institut, a més del ballet o del cant.

–I si no aprovem?

–Potser valdrà més... –va respondre la Nora a la Violeta, mirant amb insistència la taula del costat.

–Per què ho vols deixar córrer?

–És que m'espanten els estudis que ens esperen a més de la dansa. L'escola no em va gaire bé. No sóc una bona estudianta, vet aquí. Ballar, en canvi, em surt sense esforç. El que em demanen, ho faig, i tothom content. Per això els meus pares fan la vista grossa amb els estudis i les males notes que sovint porto a casa, però em fa por que aquí no serà així...

La Violeta i la Sílvia estaven impressionades, i volien que la Nora s'expliqués més. Però la mare de l'amiga les va interrompre bruscament:

–Elionor, seu bé i neteja't la boca, la tens bruta de xocolata. Has vist qui hi ha assegut en aquella taula? I ja veuràs qui vindrà d'aquí a poc!

La Nora es va passar el tovalló de paper pels llavis amb un gest avorrit, esbufegant, i en veu baixa va posar les amigues al corrent de tot.

–No us gireu, però en aquella taula, al costat de la porta del bar, hi ha dos nois. El més alt és el fill de dos músics famosos. La meva mare va anar a un concert seu i els va conèixer quan sopaven, després de la funció. Mireu, s'acosta cap aquí!

La Violeta i la Sílvia encara no s'havien tombat, però es morien de ganes de fer-ho. No es van girar fins a l'últim moment, i es van trobar de cara un noi alt i molt prim, de cabells negres, amb un serrell que li queia sobre uns ulls d'un blau intens.

Al seu costat hi havia un noi més baixet, amb unes ulleres rodones enormes i un cap ple de rínxols rossos, que emmarcaven una cara tan graciosa com seriosa i adulta semblava la de l'altre noi.

Aquella era la part de la Sílvia que, des de feia un temps, agradava menys a la Violeta. La Sílvia tenia un any més que ella i, des del curs passat, coquetejava amb tots els nois que se li acostaven.

La seva mare tenia un altre defecte: parlava massa. Ara estava atabalant la mare de l'Elionor a propòsit d'en Philip, els seus pares, els estudis i tot plegat: podia servir-li per fer pujar la qualitat de les seves amistats i, naturalment, les de la Sílvia.

–Com t'ha anat, Philip? –La Nora va sentir curiositat de sobte. Li semblava que els dos nois estaven menys tensos que elles, que s'havien pres el gelat amb una alegria tranquil·la, normal, no com havien fet elles tres, rient massa fort o callant durant minuts sencers.

–*Très bien*! Hem passat la primera prova.

–Philip, t'has apuntat a piano, oi? –La mare de l'Elionor bé havia de dir alguna cosa, ofegada com estava per la xerrameca de la mare de la Sílvia.

–Sí, és clar. Oh... *Bonjour, Madame*.

En Philip s'havia tombat una mica i havia saludat una dona jove que en aquell moment entrava amb pas sinuós al bar Groc, acompanyada de dos senyors.

Les nenes ni s'havien adonat que havia entrat, però tan bon punt la van veure es van tornar blanques.

Però no tant com la senyora Wanda.

La dona que s'havia acostat a la seva taula era l'Annabelle Girard, la famosa ballarina francesa protagonista aquells dies dels espectacles de ballet que oferia el Teatre.

–*Bonjour Philip, ça va mon petit ami?*

–*Très bien, merci.*

–*Oh, jour d'examen pour vous?* –I va somriure a les noies.

–Sí, hem tingut examen –va dir l'Elionor.

–Sí –va assentir la Sílvia.

Només la Violeta no va poder respondre: continuava mirant-la amb la boca formant una gran O. Quan estava emocionada se li obria i no hi podia fer res!

–I tu no pateixis, ja veuràs com anirà *bien*, sou totes tan *jolies*... –va afegir *Madame* Girard mirant-les i, amb un ampli gest del braç, les va abraçar de manera molt teatral i va desaparèixer a l'interior del bar.

Després d'uns quants balbuceigs d'emoció, la mare de la Sílvia va recuperar la parla:

–Les meves amigues no s'ho creuran quan aquesta nit els expliqui qui hem vist, i la teva àvia tampoc, Violeta. Oh, el que s'ha perdut per anar a la perfumeria!

–Doncs si la vol tornar a veure i fins i tot venir amb les seves amigues, només ha de passar-se tota la setmana asseguda en aquesta taula, i la veurà entrar quatre cops al dia: balla al Teatre! –La mare de l'Elionor ja no la suportava més, com la Violeta, que, en veure que l'àvia acabava d'arribar, es va aixecar de cop, va agafar la motxilla i va anar a trobar-la, seguida de la Nora i la Sílvia.

–Vinga, noies, he vist força gent anant cap a la consergeria, potser ja han penjat els resultats. –L'àvia de la Violeta estava impacient per tornar a casa.

«No tinc valor per anar-hi. Què m'importa! El metge de l'escola té raó. Demà mateix podria apuntar-me a equitació...»

Això és el que pensava la Violeta. La Sílvia, en canvi, i estranyament, havia tingut un dia molt tranquil.

Els pensaments de la Nora eren molt diferents: ella havia participat en una petita competició de dansa i havia quedat primera. A l'escola privada la posaven sempre al davant i sempre al mig, encara que fos més alta que les altres. I per això estava convençuda que la dansa era el seu destí. Un destí decidit pels altres, els que formaven el cor dels que, sense haver-l'hi preguntat, l'havien apuntat a l'examen.

La Nora es consolava pensant que, si era bona en dansa, els seus pares i potser també els mestres farien la vista grossa pel que feia a les assignatures escolars, que no suportava. Al capdavall, no devia ser l'única... En Philip, per exemple, ell havia triat estudiar piano i fer l'examen? Potser sí. Però potser li havia passat el mateix que a ella: una mica d'orella, una cançoneta tocada per divertir-se i vet-lo aquí a punt d'encetar vuit anys d'esforços increïbles.

I ella? Valia més no pensar-hi, potser no havia agradat al sotsdirector, el tal Oliver, que no li havia tret els ulls de sobre ni un segon, igual que la directora.

A la consergeria, no hi regnava el caos de la tarda, es podien llegir bé tots els noms, però va passar el mateix: una altra escabetxada. Novament, els que havien «passat» eren només una mínima part. La Violeta es va preguntar com podia ser.

–Ho intuïa, ho intuïa... –La Sílvia corria per la consergeria abraçant qui se li posava al davant. I després es va llançar als braços de la seva mare, que va començar a plorar a llàgrima viva.

«Quina escena!», va pensar la Violeta. I parlant de llàgrimes vives... I la Rebeca?

L'havia perdut de vista a l'hora de dinar, quan la seva mare no l'havia deixat anar amb ells a menjar una pizza. No l'havia vist a la revisió mèdica, i després tampoc.

El segon veredicte

Per un instant no va pensar a mirar el seu resultat, i va buscar la columna on hi havia d'haver el nom de la Rebeca. Havia passat.

Llavors es va afanyar a buscar el seu nom. Va llegir-lo dos cops, resseguint-lo amb un dit. Li costava creure-s'ho. Ho havia aconseguit! Com la Sílvia, la Rebeca i l'Elionor. I en Nico i l'Àlex: ells també havien estat «admesos».

–La Jennifer també ha passat.

La Sílvia, desfent-se de l'abraçada de la seva mare, havia corregut a veure els resultats de tots els que coneixia i no eren allà amb ells.

Llavors l'àvia Paquita les va agafar totes dues de bracet i les va empènyer suaument a fora la consergeria.

–Ja els faran un truc. Nosaltres hem estat una mica boges de quedar-nos fins a aquestes hores. I ara anem.

L'àvia se sentia molt orgullosa, tant de la Violeta com de la Sílvia, que ara potser seria més feliç. Però li feia una mica de por la idea de tornar a casa: què hi dirien el seu fill i la nora? I si la seva néta superava l'última prova, una criatura d'onze anys tota sola a la residència... Potser havia estat massa irreflexiva, en donar suport al somni de la petita Violeta.

Però és que la nena valia. Els testos s'assemblen a les olles, havien pensat ella i el seu marit.

Quant de temps més hauria d'amagar aquell secret? Li pesava, li pesava molt. Sobretot quan els ulls de la seva néta l'escrutaven: semblava que li preguntés per què. I ella cada cop esbufegava i canviava de tema. Allò no podia continuar. I si a l'escola s'adonaven de la semblança?

La Violeta creixia. I cada dia s'assemblava més a la seva mare: tenia els mateixos cabells vermells, i certament el físic, tan perfecte per a la dansa, era el mateix que el d'*ells.* Però quan es deixava transportar pels pensaments i els somnis, la Violeta s'assemblava a ella.

Així, gairebé sense ni adonar-se'n, l'àvia Paquita es va veure a la parada d'autobús on havien baixat aquell matí.

Les noies, sota la marquesina, xerraven i reien. La mare de la Sílvia, en silenci, s'arreglava el maquillatge, del tot esguerrat per les llàgrimes. Agafarien juntes l'autobús. L'Elionor i la seva mare baixarien a la plaça del Castell i continuarien amb cotxe, i elles arribarien a l'estació i agafarien el tren per tornar a la seva ciutat vora el llac.

Estaven intercanviant els números de telèfon quan

allà al davant es va aturar un cotxe. Ningú del grupet no hi va parar esment.

El pare, preocupat per si estava cansada i preguntant com li havia anat l'examen? Potser la Violeta tenia febre, potser estava malalta. Però tant li feia, havia vingut i l'abraçava!

–Vinga, va, tothom al cotxe que tornem a casa! –va exclamar contenta l'àvia Paquita.

Les dues amigues es van acomiadar de l'Elionor i van pujar al cotxe.

La Violeta no volia fer preguntes al pare, perquè no estaven sols, però només va poder estar-se callada fins a l'entrada de l'autopista:

–I la mare?

–Se n'ha anat avui.

7
Una directora plena de nata

El cotxe amb la Violeta i la Sílvia a dins havia desaparegut en el trànsit del vespre, i l'Elionor i la seva mare encara s'esperaven a la parada de l'autobús.

–Aneu a casa? –La veu d'en Nico les va fer girar a totes dues.

–Sí, esperem l'autobús –van respondre a l'uníson.

–Que viviu gaire lluny? –va preguntar en Nico.

A la mare de la Nora aquell noiet de serrell rebel li va semblar una mica impertinent. Va ser la Nora qui li va respondre:

–No, vivim en un poblet aquí a prop. D'aquí a tres parades agafarem el cotxe. Sou de la ciutat?

–No, vivim bastant lluny, a més de dos-cents quilòmetres, i com que hem de tornar d'aquí a un parell de dies ens quedarem a dormir.

–Sí, hem tingut sort, hem trobat lloc en un hotel

–va afegir la mare d'en Nico, que acabava d'arribar amb l'Àlex i els seus pares.

–Demà hem quedat amb la Jennifer, aquí a la plaça. Tu Nora què faràs? –Al noi li agradava organitzar coses amb els amics, sempre i en tot lloc.

–A l'Elionor l'ha convidat un amic seu, en Philip. També ha vingut per examinar-se de piano o sigui que... –va respondre la mare de la Nora, abans que la seva filla pogués obrir la boca.

La noia va mirar la seva mare, bocabadada: no era veritat!

De totes maneres, ja li anava bé seguir-li la veta, i va voler aprofitar l'ocasió que se li presentava:

–Sí, he d'anar a casa d'en Philip, però com que viu aquí a prop... doncs també li diré a ell, així ens podrem veure tots –va dir, acostant-se a la porta de l'autobús, que acabava d'arribar.

–Quedem al bar Groc a les quatre? –la va aturar en Nico pel braç.

La Nora va intentar evitar la mirada segurament enrabiadíssima de la seva mare i va somriure al noi.

–Sí, perfecte. Però no em vull passar tota la tarda asseguda en un bar! M'agradaria anar a xafardejar en aquella botiga tan gran, la de la cantonada, on venen coses del Teatre...

Com la Violeta, aquell matí l'Elionor també havia sentit curiositat pels aparadors d'aquella botiga enorme, i l'oportunitat que li oferien els amics i involuntàriament la seva mare li semblava perfecta per anar a donar-hi un cop d'ull. A més, si es quedava a casa, els pares segurament l'obligarien a fer els deures de les vacances durant tot el dia. Anava tan endarrerida...

I no tenia cap intenció d'acabar-los perquè, si entrava a l'Escola del Teatre, no hauria d'entregar cap deure, s'instal·laria a la ciutat i tot canviaria. Tota la seva vida canviaria!

Des del naixement de la Lavínia, a casa només se sentia olor de talc i de llet, i plors nocturns interminables. La novetat de la germaneta s'havia acabat aviat, i ara la Nora estava una mica farta de tot aquell trasbals. Tenia ganes de volar... tota sola. I la dansa potser li oferiria aquesta oportunitat!

A més, no creia que en aquella escola li revisessin els deures de les vacances: temes, problemes, resums i comentaris dels quatre llibres que encara no havia llegit... Els deures de tots els alumnes serien diferents: era segur que no els els demanarien!

Encara estava pensant en els deures que s'estalviaria quan les portes de l'autobús es van tancar i es va sentir esclafada a l'interior, massa a prop de la seva mare per evitar que comencés a fer-li uns retrets que durarien fins a casa. Amb tot, aquella nit la faria contenta i trucaria a en Philip.

La plaça del Teatre acabava de buidar-se de nois i pares i començava a animar-se abans de l'espectacle de la nit.

El bar La Llotja, al davant del bar Groc, no gaire freqüentat a les tardes, cap al tard s'omplia amb tota la gent que treballava al Teatre. Amb les grans cortines blanques, les tovalles blaves i les elegants cadires daurades, agradava més als grans que als joves alumnes de l'escola.

Malgrat tot, aquell vespre sí que hi havia joves, asseguts en dues taules. Una mica apartats, hi havia la Rebeca amb la seva mare i l'Ariadna amb els seus pares.

Les dues senyores havien parlat força durant aquell dia interminable i, mentre esperaven les filles, havien anat plegades a la taquilla del Teatre a comprar entrades per al ballet que es representava aquella nit. Totes dues havien estat d'acord que calia acabar bé el dia, lluny de la xerrameca i les mirades dels altres concursants. Així, sense tenir en compte el cansament de les nenes, s'havien assegut en aquell bar. Una mica més enllà, havien vist la directora i tot el personal de l'escola de dansa.

Hi havia res més estimulant que intentar escoltar el que deien? Per això havien triat una taula que quedava dissimulada però des d'on es podien sentir els comentaris.

La Rebeca i l'Ariadna suportaven la situació mortes de cansament. Haurien preferit deixar-se caure al llit, però, acostumades a obeir i fascinades per la gran protagonista d'aquella nit al teatre, havien acceptat. El pare de l'Ariadna també hauria preferit mil vegades seure davant de la tele a mirar el futbol, però no gosava portar la contrària a la seva dona.

Una mica més enllà, en una altra taula, hi havia dos nois més. Eren en Mateu, acompanyat d'un senyor molt còmic, i en Philip, amb els seus pares. Se'ls veia més contents. El senyor era l'oncle d'en Mateu, a més del director d'escena del Teatre, és a dir, el que, des de la cabina de direcció situada en un extrem de l'escenari, dirigeix les entrades i les sortides dels ballarins i els cantants, dóna ordres als tècnics de so i controla l'obertura i el tancament del teló i el canvi d'escenes. O sigui, una persona importantíssima, però molt i molt simpàtica.

En aquell moment reia de la broma del pare d'en Philip, un solista famós. S'ho passaven tan bé explicant-se anècdotes de la seva vida teatral, que ni tan sols es van adonar que a la taula del costat s'hi havia assegut gent que coneixien bé.

La directora havia accedit per primer cop d'anar al bar, cosa que, si per a l'Oliver i els altres era habitual al final del dia, per a ella era una cosa del tot antinatural, gairebé indecent.

Un aperitiu? Una copa? Mai de la vida! Quan ballava, en aquella hora ella ja era al teatre, fent l'escalfament previ a l'espectacle. I el feia a tots els teatres on actuava. Ja podia nevar o fer una calor de quaranta graus, ja podia tenir mal d'esquena o un refredat, que ella era allà, aferrada a la barra, escalfant els músculs. L'havien de sostenir de totes passades, i a la perfecció, durant les dues hores de la representació.

Però aquell vespre se sentia particularment cansada i amb gana. El dia havia estat llarg, amb tots aquells nois examinant-se, la nova cuinera encara no havia arribat i ningú no s'havia preocupat de preparar-li el seu dinar habitual: mozzarella, tomàquets madurs tallats en làmines fines, alfàbrega, unes quantes olives negres i una poma al forn. En una paraula, no havia dinat! De manera que només havia menjat una horrible torrada mig socarrimada...

Ara tenia gana de debò, i també havia acceptat anar a veure després *Giselle*, el ballet que es representaria al cap de poc. En el pas de dos dels camperols del primer acte ballaven dos exalumnes seus acabats de diplomar, que ella havia seguit amb una particular atenció. Per a ella era molt important veure'ls i demostrar a tothom que ella formava ballarins excel·lents.

I ara vet-la aquí, de copes. Per primer cop a la vida.

–Què t'ha semblat el dia d'avui? –li va preguntar l'Oliver.

–Mmm... que què m'han semblat? I a tu, què t'han semblat? –Amb l'estómac garratibat de gana, la directora va respondre la pregunta amb una altra pregunta, mentre intentava triar amb els ulls entre una pasta, una pizza o una torrada.

L'Oliver xarrupava el seu aperitiu, mentre buscava alguna cosa per menjar, amb la mà.

–Bah, cada any és el mateix. Massa gent i massa poc temps. Potser se'ns n'ha escapat algun de bo...

–N'hi ha prou amb un cop d'ull per reconèixer un bon cos, i dos per reconèixer el talent! –va sentenciar la directora.

–Potser per a vosaltres, però per a mi no!

A la taula també hi havia assegut el doctor Albi, el metge de l'escola, que també era el metge del Teatre i curava tots els mals dels ballarins i els músics.

–Avui eren molts. Cada any són més, i cada vegada més sans i ben proporcionats. Vosaltres hi teniu l'última paraula, però la meva llista dels aprovats aquest any és més llarga que mai.

–I doncs, quants en tindrem, demà passat? –La directora començava a sentir-se seduïda pel pica-pica: ja anava pel quart tall de coca!

–Una cinquantena, que haurem de reduir a trenta –li va respondre l'Oliver.

–Oh, mare meva, una cinquantena! –va sospirar ella, deixant-se caure al respatller de la cadira.

–Ànims, dire, ja veuràs com d'aquest grupet en sortirà una altra estrella. A més, no hem d'oblidar les dues noies que han guanyat el concurs.

–D'on són? –La curiositat del mestre Tomeu, el vell director del Teatre, que ensenyava interpretació als més grans de l'escola, era coneguda de tothom, i la seva mirada obligava a donar una resposta exhaustiva.

–L'una és russa i l'altra, japonesa –es va afanyar a respondre l'Oliver–. Han quedat primeres als dos campionats internacionals d'aquest estiu i han guanyat una borsa d'estudis per a la nostra escola. Esperem que s'integrin i que no tinguin dificultats amb la llengua.

A la directora no li agradava gaire admetre nois procedents dels concursos, perquè ja els trobava «modelats», i d'una manera que no li agradava. Havien de formar-se segons el seu mètode, no els altres! A més, com que havien guanyat el concurs ja devien sentir-se unes petites estrelles. I això la fastiguejava.

La mare de la Rebeca, mentrestant, no s'havia perdut ni mitja paraula d'aquella conversa. Així podia explicar a la mare de l'Ariadna la notícia més important:

–Hi ha dues noies estrangeres que han guanyat un concurs! No hauran de fer cap examen d'admissió, elles. Ja hi són!

–Ah, sí? I d'on són? –La Rebeca i l'Ariadna sentien curiositat per la notícia. Però les respectives mares havien entès perfectament què podia significar, i van respondre a l'uníson–: Són dues rivals més, recordeu-ho!

En sentir allò, l'entrepà de pernil que s'estaven menjant va deixar de tenir bon gust, per a les dues noies. Sempre problemes, aquell camí sempre havia de fer pujada... Valia la pena? Totes dues es preguntaven el mateix sense dir-s'ho, mentre intentaven amagar-se rere la gran palmera providencial que els separava de la taula de la directora, on la conversa esdevenia cada cop més interessant, sobretot per a les orelles de les dues mares.

–I a més també hi ha en Julio! –els va recordar l'Oliver en aquell moment.

–Qui? –van preguntar a l'uníson en Tomeu i el metge.

–En Julio. De moment no us cal saber-ne més –va respondre la directora, molesta. No volia que l'Oliver esmentés aquell noi en públic, algú els podria sentir...

–És un dels habituals sense cognom, oi? –va preguntar el mestre Tomeu, acostumat a situacions com aquella. I el doctor va afegir:

–El que és important és que no vagi de fill de VIP. Si no, ja me n'ocuparé jo, ja, de rebaixar-li els fums a la sala d'espera! –Al doctor Albi no li agradaven els que feien gala de grandesa, cosa freqüent en els ballarins. De manera que, quan el necessitaven, els feia esperar i feia passar abans els nens.

–I quan arribaran aquests fora de sèrie? –El mestre Tomeu es moria de ganes de coneixe'ls. Tan petits i ja havien guanyat un concurs! Però qui sap a quants s'havien presentat, abans... I que dur, sortir del seu país i viure almenys un any tan lluny, en un ambient del tot diferent del seu!

–Ja han arribat. Les noies ara estan de viatge amb els seus pares, és el premi. S'instal·laran a la residència la setmana que ve, com els altres.

–Sí; i la noia que ha guanyat el concurs de cant? Sabeu que avui s'ha presentat i volia fer la prova com els altres? Han hagut de fer-l'hi! Que tossuda, fixeu-vos que demanava la prova... cantant! –va afegir el mestre Tomeu.

Tenia els seus informants: a cant, a dansa i a música. Li encantava, aquella setmana de l'any. Podia voltar per les aules d'examen, presenciar alguna prova i descobrir algun talent abans que els altres. Vet aquí allò de què se sentia orgullós: no s'havia equivocat mai a l'hora de descobrir un artista! Encara que fos entre nois molt joves.

Després de l'onzena croqueta, la directora començava a pensar en el dilluns següent i en tots els problemes que cada començament de curs comportava. Els nois anirien arribant a totes hores: calia acollir-los, distribuir-los a les habitacions, donar-los les regles de l'escola i començar de seguida a comprovar si les seguien correctament.

A més, la directora pretenia que en un dia els nous aprenguessin la disciplina i el rigor de l'escola del Teatre de la qual se sentia tan orgullosa. Havien de gravar-se al cap de totes passades el decàleg que ella mateixa havia redactat i que estava penjat, perfectament emmarcat, al seu despatx i a l'entrada de la residència, i que, al començament de cada curs, l'Oliver llegia als nois reunits a l'Aula Magna.

Concentrada en aquests pensaments, que l'havien posat encara de més mal humor, no havia prestat atenció a la pregunta del seu sotsdirector, que va haver de repetir-l'hi.

L'Oliver i els altres van procurar no riure: la directora no els ho hauria perdonat mai.

En Mateu i en Philip, en canvi, van esclatar en una sonora riallada, com també la Rebeca i l'Ariadna, a qui l'escena no havia passat per alt. L'oncle d'en Mateu també reia: ell estava just al davant de la directora i la coneixia perfectament, des que eren petits. I li va venir al cap el pensament que, a la seva estimada Salma, una mica de dolçor no li aniria malament...

Els pares dels nois, en canvi, es van aixecar de cop quan va caure la safata, però després, amb tot aquell vessament de nata i cireretes, no van saber què fer. De manera que es van quedar quiets amb els tovallons a la mà, en un gest de solidaritat en suspens. Al cap d'uns instants de desconcert, va ser la mare d'en Philip qui va desencallar una situació tan incòmoda.

–*Oh, Madame, c'est terrible*! És terrible! –va repetir amb el mateix accent francès que el seu fill. I, traient-se el xal, el va obrir amb un gest resolt a l'esquena de la directora, a manera de protecció contra les mirades indiscretes de la clientela. I així, la Rebeca i l'Ariadna es van perdre l'espectacle (quin disgust!), però no pas en Mateu ni en Philip, que no podien parar de riure.

–Tingui aquest mocador, posi-se'l al cap *comme ça*. *Vite!* Vingui *avec moi*!

Amb el seu llarg xal, *Madame* Dupond va procurar tapar gairebé del tot la directora, que, en comptes de recuperar la seva imatge austera, es va veure convertida en un fantasma blanc, encara més divertit. Perquè encara continuaven lliscant cap a terra rierols de nata, damunt la qual anaven caient cireretes!

Tots els de la seva taula li havien donat l'esquena i reien, mentre l'Oliver intentava tranquil·litzar-la, perquè ella ja no s'adonava de res:

–Oh, directora, quina sort, pensi que l'està ajudant *Madame* Costance Dupond!

–És la mare del noi que toca tan bé el piano, en Philip, oi? –El mestre Tomeu ja s'hi havia fixat abans, durant les proves.

–*Maman* sempre ha de fer alguna cosa, *n'est-ce pas*, Philip? –va dir *Monsieur* Dupond, que somreia per sota els bigotis davant el caràcter emprenedor de la seva dona. I, adreçant-se al seu fill i a en Mateu, va afegir–: Procureu no riure tant, vosaltres dos! Si la directora us veu, us ho farà pagar durant tot el curs! Si és que us acaba admetent...

Però la directora estava tan sorpresa i enrabiada pel que havia passat que no va sentir ni va veure res. I tampoc no va parlar; es va limitar a seguir dòcilment aquella senyora tan amable.

Rodejant-li les espatlles, *Madame* Dupond la va ajudar a travessar la plaça. Engiponada d'aquella manera ningú no es va adonar que era la directora de l'escola, i encara menys que anés vestida... de nata de cap a peus!

–No es preocupi, entrem per la porta del servei i anem al meu camerino. *Ce soir* no toco, però sempre tinc vestits de nit a l'armari. No se sap mai, abans de sortir a l'escenari... Ja veurà com trobarem *quelque chose* que li quedi bé; a més, segur que tinc un altre xal. I, si li ve de gust, la convido a la meva llotja, així ens farem companyia i em parlarà dels seus dos alumnes, els que ballen el pas *à deux* dels camperols. Al teatre no es parla d'altra cosa, sap? Dos nois *si jeunes* i tan bons...

La directora es va refer una mica, en sentir aquelles paraules. El terrible contratemps quedava enrere.

«Esperem que no tingui vestits escotadíssims ni massa brillants...», va pensar mentre s'encaminava amb *Madame* Dupond cap al seu camerino.

8
L'última prova

L'endemà va ser un dia espantós! El temps també s'havia adequat a la situació i als ànims. És a dir, havia oblidat que encara era l'estiu.

A tota la regió, núvols baixos i negres descarregaven aigua com si fos la tardor, i el vent, pensant-se que era octubre, intentava fer caure les fulles de les branques, amb força. Aquell dia, a tothom li sortia tot malament!

L'Elionor estava castigada. Res de trucar a en Philip i res de quedar a la ciutat amb els nous amics. Només deures, els odiosos deures.

La Violeta, que, a diferència d'ella, ja havia acabat tots els deures de les vacances, feia hores que xerrava per telèfon amb la Sílvia, per consolar-se per l'absència de la seva mare. No havia pogut explicar-li res: havia marxat per feina. Però, ho havia fet expressament? No descartava aquesta hipòtesi.

La Sílvia havia estat la més afortunada de tots: l'examen de cant s'havia resolt en un dia, i l'havien acceptat per fer el mes de prova! Ara, relaxada, gaudia el seu moment d'èxit, per un cop protegida de la seva opressiva mare, que presumia davant les amigues del triomf de la seva filla, pel mòbil.

La Rebeca estava tancada a la seva habitació, triant el mallot per a l'últim examen. Damunt del llit s'amuntegaven bodis, mitges, sabatilles de tots els colors, a més de cintes i diademes. Moltíssimes, tantes com les recomanacions de la mare: «Vigila! Recorda't d'estirar sempre les puntes dels peus. Sobretot, amb suavitat. És un examen de dansa, no un campionat de gimnàstica!»

En una paraula, la seva mare pretenia que fos perfecta. La Rebeca *havia de* ser perfecta!

Tan perfecta com perfectes havien de ser les sabatilles, amb les cintes ben planxades i ben cosides. I la xarxeta negra per als cabells, negra i, naturalment, resseguida per una cinta del mateix color que el mallot. I les mitges, amb olor de net. I, si feia fred com avui, un jerseiet suau i curt, amb els llacets encreuats a l'esquena, que no molesta per ballar i abriga. La mare n'hi havia comprat molts de diferents: blancs, roses, blaus, grisos, negres...

Amb tot, la Rebeca no podia treure's del cap la gimnàstica artística. Al gimnàs se sentia com a casa. En canvi, amb la dansa... feia un any que hi lluitava. Òbviament, havia estat idea de la mare. Havia llegit no sé què sobre una ballarina que s'havia convertit en una estrella, però que s'havia format abans com a gimnasta. I així havia començat tot...

En canvi, a en Nico i l'Àlex, després d'haver fet mil trucades a les seves noves amigues, els pares els van obligar a visitar la ciutat. De manera que, amb les cares llargues, els dos nens havien seguit per esglésies i museus. Amb tot, aquella tarda s'havien divertit una mica descobrint totes aquelles meravelles. En el fons, el dia no havia estat tan avorrit...

En Philip i en Mateu, cadascú a casa seva, repetien els exercicis de l'examen de l'endemà. Tot i que havien passat la primera selecció, havien de preparar-se per a l'última prova: la més difícil.

A en Philip no li sabia gens de greu haver d'instal·lar-se a la residència. Total, al pare i la mare els veia poquíssim, igualment, perquè sempre estaven de gira! A ell només li interessava tocar, tocar, tocar...

Com a la Jennifer, cantar. Només cantar. Ella es trobava a la ciutat amb la seva mestra, la que l'havia preparat per al concurs, que havia guanyat i que li havia obert les portes d'aquell any meravellós. Juntament amb ella, descobria una ciutat del tot diferent de la seva.

En Mateu, en canvi, es debatia entre el desig d'estar amb en Philip, el seu millor amic, i viure l'aventura de la residència, i les ganes de quedar-se a casa, amb el pare, la mare i els seus dos germans. Sort que no vivien lluny del Teatre. Així, tan aviat com pogués, tornaria a casa, amb permís... o sense permís!

I aquella nit, li rondava pel cap el mateix que als altres nois: si el seleccionaven, hauria de viure sol tot un any... De fet, durant vuit anys. Podria suportar-ho?

Però l'endemà cap d'ells no recordava el que havia somiat ni les seves angoixes.

I va arribar el matí de l'última prova.

Si no era determinant per al seu futur, segur que podria fer donar un tomb al pròxim mes.

La Violeta i la Nora havien estat convocades amb el primer grup de noies, i en Nico amb el dels nois. L'Àlex amb el segon, i la Rebeca amb el tercer grup femení.

Farien una primera prova dividits en grups i després anirien tots junts a l'aula més gran, la de l'últim curs, que també feien servir els ballarins del Cos de Ball.

Aquell matí, la Violeta i la Nora estaven més nervioses pel fet de transitar pels passadissos i per les aules del Teatre que per l'examen en si. Almenys fins llavors...

...fins al moment de cordar-se les sabatilles de saltar. Llavors a la Violeta se li va començar a disparar l'angoixa. Pel mallot, perquè no s'havia pogut posar el negre de la prova anterior, perquè la mare no hi era i no l'hi havia pogut rentar; pel monyo, que no li havia quedat tan ferm com el primer dia (la Rebeca encara no havia arribat); per les noves companyes, que eren millors que les de la primera selecció. Tot plegat li va impedir tenir l'empenta que, la vegada anterior, fins i tot li havia permès tocar el timbre.

Es va barrejar amb les altres, darrere de la Nora, que era la més alta, i va seguir el grupet, particularment silenciós.

Van entrar a la mateixa sala de la primera prova, que ja no els va semblar tan gran, i es van col·locar a la barra.

En la primera posició al davant de la barra, aquest cop al compàs de la música, havien de girar el cap a dreta i esquerra. Un petit *plié*, els peus junts i mitges puntes. Després, baixar de les mitges puntes i, d'esquena al mirall, repetir-ho amb els braços oberts i recolzades a la barra. Després, assegudes a terra amb les cames obertes i l'esquena dreta, els braços en segona, i mantenir-se en la posició.

La Violeta mirava a dreta i esquerra, de cua d'ull. Al començament es va embadalir mirant els mallots de les companyes. No hi havia tantes coloraines com en la prova anterior. Tant ella com l'Elionor el portaven blau. El seu era molt infantil, però aquell dia el cel era molt blau, i ella se sentia millor amb aquell color.

No coneixia les altres nenes, però segur que eren molt millors que les de l'altre dia. N'hi havia que tenien les cames més obertes que ella, com per exemple la Nora; i d'altres que les tenien més tancades; n'hi havia que tenien uns braços llarguíssims, i d'altres que el que tenien llarguíssim era el coll. Com la puntuarien, a ella?

Segurament havia seguit el ritme de la música, i havia picat de mans a temps. La Nora i ella, que eren a prop, s'havien adonat que no totes es movien com elles. En efecte, van sentir:

–Noies, el compàs! Vosaltres dues, un pas endarrere; tu, la del mallot blanc, també; i la del negre, també. Va, des del començament, seguint el compàs!

Però la Violeta es va fixar en el so del doble picar de mans de les nenes de la segona fila, un altre cop a destemps. Les eliminarien? I la Nora i ella, ho estaven fent bé? Potser sí. Llavors, abans de sortir, amb un somriure va fer un petit gest amb el cap en direcció a la taula del jurat, que aquell matí era més nodrit que l'altra vegada.

L'Oliver la va veure i va fer un somriure. Un somriure només dedicat a ella. I la Violeta va sortir vermella com un tomàquet, però molt contenta. Amb tot, no va poder encomanar l'alegria a en Nico, amb qui es va trobar al passadís. El noi, per primer cop ben moix, li va confiar en veu baixa:

–A mi, en canvi, no m'ha anat gaire bé.

–Què ha passat?

–Doncs... que tremolava. Sí, tremolava.

–Tu? –La Violeta estava bocabadada–. Però si tu no tens por de res!

–De l'examen sí. M'importa molt, saps? Vull entrar en aquesta escola!

–Però què ha passat de tan terrible?

–Doncs... –va sospirar en Nico–, ens han demanat que saltéssim i jo he saltat, i he saltat més que ningú! Però fora de temps. Seguia la meva pròpia música, la que duc a dins, i no la del piano, que ni he sentit...

–Això i prou? –va somriure la Violeta.

–Et sembla poc?!

L'Àlex els acabava d'avançar, però no havia sentit res. Molt seriós, a penes els havia fregat. Tenia por que el miressin el monitor i els nous companys, de manera que va entrar a l'aula de seguida.

–Veus l'Àlex, Violeta? Has vist que concentrat? A ell sí que li anirà bé!

I, arronsant les espatlles, en Nico va desaparèixer rere la porta del seu vestidor, sense dir adéu a l'amiga.

En aquell moment se li va afegir la Rebeca.

Estava preciosa. Era una petita ballarina treta d'un àlbum del segle XIX. A ella també li aniria bé. N'hi havia prou de mirar-la! Amb tot, la Violeta li endevinava alguna cosa que no casava amb el ballet. El conjunt no li feia pensar en una ballarina, sinó...

–Una gimnasta, una atleta! És això! –La Nora, que també s'havia fixat en la Rebeca, va confessar el seu descobriment a la Violeta, en veu baixa.

–Tens raó, és això el que és.

–L'altre dia, al vestidor la vaig mirar mentre s'escalfava –va seguir la Nora–. Acaba tots els exercicis arquejant l'esquena, i sempre té tendència a obrir els braços.

–Però quin espagat! –va sospirar lleument la Violeta, pensant en la primera prova.

Mentre la Rebeca, sense saludar-les, marxava cap a l'aula amb les seves noves companyes, la Nora, aquest cop en veu alta, va sentenciar, remenant el cap:

–Ni amb un tutú blanc podria semblar una ballarina!

I, dins l'aula, potser els membres del jurat pensaven com la Violeta i l'Elionor, perquè al final de la prova la Rebeca va entrar al vestuari tota galtavermella i amb un ble de cabells fora de la xarxeta. Dues llàgrimes gegantines li baixaven per les galtes, ja ben molles.

–Què t'ha passat? –La Violeta la va abraçar.

–Què t'han fet? –va dir la Nora, oblidant les crítiques.

Totes les nenes que hi havia al vestidor van envoltar la Rebeca, preguntant-li què havia passat. Però de seguida es va obrir la porta del vestidor i va aparèixer la sergent Marylin.

–Nenes, al passadís immediatament, i en silenci. Res de plors ni comentaris. Feu una fila i seguiu-me –va dir, abans de sortir de pressa. Sort, perquè si no hauria sentit rialletes i comentaris com: «On s'ha deixat el fusell?»

L'aula on estaven a punt d'entrar devia ser enorme, perquè tenia dues dobles portes grandíssimes, lacades, de color vermell fosc. Hi havia alguna cosa teatral que la Violeta no acabava de reconèixer.

La Nora, en canvi, devia estar més familiaritzada amb aquell ambient, perquè sempre feia el comentari adequat:

–Sembla un teló!

Sí, la preciosa cortina amb brodats daurats que separa el públic de l'espectacle, la platea de l'escenari; que dóna pas a la ficció i, per a la Violeta, al somni!

Un cop més, la noieta va entrar a la sala perduda en el seu món i, com que no va entendre on havia de col·locar-se, es va situar davant la barra, entremig de les dues primeres companyes.

Tan bon punt es va adonar d'on era, va començar a tremolar: entre la Rebeca i l'Elionor. Que estúpida que havia estat! Ella que no era alta, que no obria tant les cames, que potser ni tan sols tenia empenya, s'havia anat a situar entre la Rebeca –que, deixant de banda les llàgrimes, amb les cames podia fer el que volia– i l'Elionor! L'Elionor, la nena més guapa de totes les que s'havien presentat: cames perfectes, coll de cigne, mans llargues i uns peus que semblaven fets a posta per dur sabatilles de punta!

La Violeta no hi entenia tant, però li recordaven els de les ballarines de les fotografies.

La sala, amb el terra de fusta d'un preciós color torrat, era del tot voltada de miralls: així semblava que hi hagués el doble de nois, i també de jutges! I hi havia dues directores!

Al davant de les noies, a l'altra banda de la sala, hi havia una segona barra, llarguíssima, amb els nens seleccionats. La Violeta va intentar localitzar en Nico i l'Àlex. Necessitava una mirada amiga. Va descobrir en Nico a la meitat de la fila i l'Àlex al segon lloc, com ella, i això la va tranquil·litzar.

La lliçó examen era semblant a l'anterior, però va veure que faltaven les quatre nenes que abans no havien seguit el temps.

Cap a la barra, moviment del cap en primera posició, després mig gir, front al centre, primera, *demi-plié*, *grand plié* i torneu. Segona, mitja punta i torneu en segona.

La Violeta seguia la lliçó, però de reüll intentava comptar quants eren i quins eren els millors. Potser faltava algú però no va tenir temps d'acabar el recompte, perquè l'Oliver els va demanar que fessin dues files al centre de la sala, una de nenes i una de nens: havien de caminar seguint el ritme de la música.

—Ja ho veurem... Encara tenim un mes de temps per valorar-los, però em fa l'efecte que els d'aquest any són més bons que els del curs passat.

La directora, aquell matí, estava de bon humor. Cosa insòlita, va pensar tothom. Tothom menys l'Oliver i en Tomeu. Ells sabien què havia passat feia un parell de nits, i tot i que cap dels tres no havia al·ludit aquell matí a l'incident del bar La Llotja, es veia que la directora desitjava que s'oblidessin de pressa de tota aquella nata... Així, per un cop, s'havia transformat en una persona més amable... una mica més amable.

Fos com fos, no volia enfrontar-se amb l'Oliver, el seu sotsdirector. Un bon ballarí, un professor preparat, però amb una llengua massa llarga!

La música es va interrompre i...

–Molt bé, nois, ara poseu-vos en dues files horitzontals, les noies al davant i els nois al darrere. Us aniré cridant per ordre.

De sobte, la Violeta i tots els altres van notar que alguna cosa els pesava al mallot. Era el número, aquell adhesiu que, al matí, en començar l'examen, els havien assignat i enganxat als mallots i a les mitges.

En efecte, l'Oliver, amb un full a la mà, els cridava pel número.

Tots van recordar de manera automàtica les imatges d'*A Chorus Line*, el musical en què els aspirants a intèrprets passaven pel mateix tràngol. Ells també haurien de fer un pas endavant? Qui fes el pas, seria admès o no?

–Bé, nois, en primer lloc us dono les gràcies per haver participat en aquest examen. Perquè per a nosaltres ha estat un plaer veure-us i, per a vosaltres, una oportunitat de creixement. Creieu-me: no és fàcil en una setmana sotmetre's a les proves a què us heu sotmès vosaltres –va encetar l'Oliver.

«Esperem que no s'enrotlli gaire», va pensar la directora, que va sospirar.

–És el seu moment. L'espera cada any –va xiuxiuejar una mestra a l'orella d'una altra, que li va respondre:

–Però sempre és tan amable amb els nois...

–No us preocupeu, no diré els números. Només ens han servit a nosaltres per valorar-vos millor. I tampoc no haureu de fer una passa endavant: no som al cinema! –va prosseguir l'Oliver, somrient–. Aquells a qui no cridi, que no es desesperin. Demà al matí els espero al meu despatx, acompanyats dels seus pares, per parlar dels motius de l'exclusió.

La directora va agrair un cop més la bona pensada de l'Oliver de parlar amb els pares. Evidentment, ser xerraire de vegades és útil. D'aquesta manera ell frenaria les queixes, i ella tindria menys problemes.

–Ara cridaré els admesos al mes de prova, i de seguida us acompanyaran a la sastreria, perquè us prenguin les mides. Us espero demà al matí a l'Aula Magna, amb els vostres pares.

9
La Botiga del Teatre

Als nois, la sastreria els va semblar una veritable indústria de la moda, amb innombrables habitacions que donaven a un llarg passadís. Cada habitació estava destinada a una sola cosa: una era per fer la bugada, una altra per planxar, una altra per tallar els vestits, una altra per cosir-los i brodar-los i, més al fons, la zona de les perruques, la del calçat i la dels barrets.

Tots s'esperaven al davant de la sastreria. Aquí, una modista els mirava d'un en un i s'anotava en una llibreta la talla i el peu que calçaven. Després, els va repartir un full que contenia les normes relatives a les peces de roba per a dansa que els proporcionava l'escola.

–Llegiu-lo i, sobretot, doneu-lo als vostres pares. Dilluns al matí trobareu a l'habitació dos mallots i dos parells de mitges, dos xandalls de gimnàstica i un parell de sabatilles de saltar. Els nens tindran samarretes i mitges. És tot el que us farà falta durant el mes de prova. A més, també haureu de portar una bossa, dues tovalloles i un barnús. El que necessiteu per a l'estada ho trobareu escrit en el full que us repartiran a consergeria. No us descuideu res, dilluns!

En acabat, es van encaminar tots junts cap als vestidors, llegint el que la directora havia batejat com «el primer edicte de la roba blanca». Era la llista de les peces que facilitava l'escola i les que s'havien de portar de casa. Després deia que calia rentar-les, tractar-les bé i..., en una paraula, tenir-les ordenades. Quina novetat! Al final se les podrien quedar. Ja, com a premi de consolació!

Els nens van rebregar el paper i el van fer desaparèixer qui sap on, mentre que les nenes el van plegar i se'l van ficar al mallot per no perdre'l.

La Violeta es va afanyar a imitar les altres, mentre amb la ment feia un repàs del que havia passat en l'última mitja hora. Només feia trenta minuts, que a molts els havien canviat la vida! I a ella, també.

El mestre Oliver havia dit els cognoms. Els que sentien el seu feien un imperceptible gest d'alegria, però imperceptible de debò, perquè damunt de tothom planava un silenci molt feixuc. Com es podia estar content si encara no havien cridat la companya que tenies al costat?

La Violeta, que de cognom es deia Rossell i que, per tant, si la cridaven seria una de les últimes, havia decidit no mostrar el més mínim indici d'alegria. Potser tots s'havien llegit el pensament, perquè ningú no va somriure, ni va xisclar, i tampoc cap no va plorar.

Ni la Rebeca! És clar que tampoc no en tenia motius, perquè l'havien cridat. Com també havien cridat l'Elionor, l'Alexandre, en Nicolau, uns quants més i, en penúltim lloc..., la Violeta!

Tots ells estaven aprovats. Almenys aquell mes. Quin mes de setembre més meravellós!

Però l'emoció que sentien era tan forta que ni tan sols van parlar al vestidor. Els eliminats hi havien arribat abans. Alguns fastiguejats, d'altres amb llàgrimes als ulls, no havien saludat cap dels aprovats, s'havien vestit de pressa i ja eren a la consergeria, demanant hora per a l'Oliver.

Els afortunats estaven absorts, rellegint per enèsima vegada el full de la modista. Tots pensaven el mateix: qui es quedaria intern a l'escola i qui no.

En aquell moment, en efecte, no hi havia lloc per a tots. Només després del mes de prova, amb l'eliminació d'uns quants alumnes, quedaria lloc per a tots a les habitacions de la residència. L'hi havia explicat la Nora, i ara la Rebeca ho confirmava a la Violeta, a qui ningú no havia dit res. Cada any la cosa anava així: els que vivien a prop, durant aquell mes anirien i vindrien, i els que vivien lluny es quedarien interns.

–Jo segurament aniré i vindré, la mare ja m'ho ha dit –els va dir la Nora, mig moixa.

–Doncs jo també; visc a prop. En realitat a mi no em ve de gust estar interna, no sé si podré viure sola tot un curs! –va dir la Rebeca.

–Jo no sé si visc a prop o lluny del Teatre... –La Violeta no tenia ni idea de què decidirien en el seu cas.

A l'altre vestidor, l'Àlex i en Nico també feien conjectures. Ells no tornarien a casa. Bé, només aquell cap de setmana, per fer les maletes.

–Visca, ho hem aconseguit! –va xisclar en Nico fent saltirons pel vestidor. Els altres el miraven com si fos un marcià.

–Para, Nico, que no veus que tothom conté les emocions? –intentava fer-lo callar l'Àlex. Tots els altres els miraven.

–I què m'importa. Jo estic content i ballo... Al capdavall som en una escola de dansa! Si m'haguessin admès en un equip de futbol marcaria un gol! Però aquí ballo... ballo amb tu... amb ells... amb tothom! –I es va posar a ballar entre una motxilla i un company, saltant d'un banc a l'altre.

–Què passa aquí, què és aquest escàndol?

L'Oliver va obrir la porta de cop i tots es van immobilitzar, capcots. Però cap d'ells no es movia, tret d'en Nico, que saltava cap al banc més alt però que, espantat per la irrupció del professor, va perdre l'equilibri i va caure entre l'armariet i una cadira.

–Molt bé, sí senyor! Fem *jetés* al vestidor, després sortim i també els fem al carrer per l'alegria d'haver aprovat. Recorda: només un mes! I, si et comportes així, només un dia: dilluns que ve! –L'Oliver tenia cara de poca broma–. I ara vés a la infermeria que et mirin el genoll, que dilluns ja l'hauràs de plegar i no m'interessa que et faci mal. Entesos?!

En Nico es va tornar vermell com un tomàquet, va abaixar la mirada i es va espantar moltíssim. El genoll se li estava inflant i també hi tenia un tall: hi havia sang, sang a la cadira, sang per terra. Què havia fet?

–El puc acompanyar? –L'Àlex havia vist com el seu amic empal·lidia.

Va ficar la roba dins les bosses d'una revolada i va empènyer en Nico fora el vestidor, sense esperar la resposta de l'Oliver. Havia comprès que calia actuar de pressa. Què li havia passat pel cap? Esvalotar-se d'aquella manera just el dia de l'admissió!

I si l'Oliver havia estat autoritari, el metge no va ser-ho menys. De manera que en Nico es va guanyar una segona esbroncada, i també l'Àlex, per haver-lo acompanyat.

–Encara no heu començat i ja us feu mal. I no pas a l'aula, sinó al vestidor! Això no havia passat mai! –va dir el metge, alçant la veu–. Si t'enxampo un altre cop ballant entre cadires i bancs, ho diré a la directora i faràs les maletes, d'acord?

Mentre deixava anar el sermó, va acabar de curar el genoll d'en Nico.

–Que bé, ja no em fa mal. Està com abans. –El noi, meravellat, va mirar el metge. I, sense pensar en el que li havia dit, va saltar de la llitera i va dir–: Gràcies, doctor. És un geni!

Va sortir ràpidament de la infermeria. L'Àlex ja era fora; s'havia atipat que el renyessin injustament!

Era divendres. Aquella setmana tan especial per a molts nois i les seves famílies s'acabava, però el vestíbul de l'escola estava ple de gom a gom, com una estació de rodalies a les vuit del matí.

Hi havia qui preguntava pel despatx del mestre

Oliver, pares una mica enrabiats, amb els fills que els seguien, mig plorosos. D'altres, en canvi, demanaven alegrement la llista amb el que calia per al mes de prova. I n'hi havia molts que perdien el fill o la filla, la mare, el pare i els germans, i després els trobaven i els tornaven a perdre.

A la Violeta, aquell matí, l'havia acompanyat el seu pare. No s'ho podia creure! S'havia quedat de pedra durant tot el viatge en cotxe. La Sílvia no venia, perquè havia passat definitivament al mes de prova. Els de cant n'havien tingut prou amb el primer dia d'examen, i els alumnes seleccionats entraven directament a la residència el dilluns següent.

Als de dansa, en canvi, després de la segona prova els havien convocat amb els familiars l'endemà al matí. La Violeta estava segura que tornaria a la ciutat acompanyada de l'àvia Paquita. Però aquell matí el pare l'havia despertat amb un petó, cosa que no tenia per costum, i s'havia ofert a acompanyar-la. Havia passat alguna cosa, n'estava segura.

A la Nora també l'havia acompanyat el seu pare. Sort, perquè així tots dos s'havien posat a xerrar mentre esperaven. També hi havia els pares d'en Nico. El pare i la mare de l'Àlex havien hagut de tornar a casa i ell ara estava a càrrec dels pares del seu amic.

Tots els admesos al mes de prova s'esperaven a la consergeria: alguns intercanviaven els telèfons, d'altres comparaven els fulls de dansa amb els que hi havia penjats al tauló d'anuncis. La tensió acumulada tant pels nois com pels pares, aquell matí, bé s'havia de dissoldre. Hi havia res millor per fer-ho que xerrar i xerrar?

De sobte, amb pas segur, va entrar la sergent Marylin, i va demanar l'atenció de tothom. La va obtenir de seguida.

–Per favor, una mica de silenci! Es convoca tots els admesos al mes de prova i els seus acompanyants a l'Aula Magna, per a una reunió important.

Dins l'aula, la directora, el professor Oliver, el mestre del primer dia i un altre senyor ja havien pres posicions darrere d'una taula llarga. Els monitors seien als costats. Quan tots van estar asseguts, la directora va començar a parlar:

–Bon dia a tothom. Nois, us dono la benvinguda a aquest mes de prova, que en qualsevol cas serà molt important per a la vostra formació. Seguireu el curs escolar regularment, de manera que els que no siguin admesos a passar tot el curs aquí no hauran perdut un mes d'escola. Ara us presento els vostres professors: la senyoreta Odette per a les noies i el mestre

Albert per als nois de dansa. Els mestres de música i de cant s'excusen, perquè en aquests moments tenen altres exàmens d'admissió. Els coneixereu més tard. Els vostres monitors, en canvi, ja els coneixeu: la senyoreta Marylin i el senyor Joan Pau. El que sobretot us demano per a una bona convivència són tres coses: amabilitat, intel·ligència i honestedat. I ara, el sotsdirector, el professor Oliver, us dirà una cosa important.

I, en el silenci més absolut, l'Oliver va prendre la paraula.

–Aquest any, a diferència dels anteriors, tenim més habitacions disponibles a la residència. Per tant, aquest mateix mes tots els alumnes seran interns. El qui no hi estigui d'acord, serà exclòs del mes de prova. Dilluns, us hi espero a tots, ben puntuals i amb tot allò necessari, que trobareu a la llista que us han repartit a consergeria. El curs escolar començarà l'endemà, per tal que pugueu instal·lar-vos amb calma i conèixer l'escola. I ara, llegiré el decàleg del nostre centre. Us en donarem una còpia a tots.

En aquell moment, la directora i tots els altres es van recolzar al respatller, per gaudir de les cares dels alumnes durant aquella lectura. Segurament molts deixarien traslluir les seves emocions.

L'Oliver va començar:

1. Heu de ser sempre puntuals (i encara millor si arribeu abans d'hora).

2. A classe, heu d'anar sempre vestits, pentinats i calçats de manera impecable.

3. Heu de tenir la roba sempre ben posada.

4. Heu de tenir l'habitació sempre ordenada.

5. Heu d'estudiar amb profit, no només dansa, sinó també les assignatures escolars. Es passa de curs de dansa només si també es passa de curs escolar.

6. Heu de saludar els altres amb un «bon dia» fluixet, una inclinació del cap i un somriure.

7. Heu d'aprendre a transitar pels passadissos i les escales en silenci absolut.

8. No podeu ficar el nas al rebost, on es guarda el material, ni, en general, als espais no autoritzats.

9. Heu d'anar amb compte de no obrir portes equivocades, per no interrompre classes.

10. No heu de pujar mai a l'escenari sense permís.

–Gràcies a tots per la vostra atenció i fins dilluns –va concloure l'Oliver.

Va seguir un silenci llarguíssim, durant el qual ningú no va pensar en el decàleg, per al qual ja tenien tot un mes per acostumar-s'hi. El més important per a tots havia estat l'altra notícia! N'hi havia pocs que estiguessin veritablement preparats. Preparats per instal·lar-se de seguida a la residència. Estaven tan emocionats que no van fer comentaris. En sortir de l'Aula Magna, la Rebeca va ser la primera a trencar aquell silenci: es va posar a plorar.

La Nora i la Violeta van empal·lidir. No s'ho esperaven, ni tampoc els seus pares. En canvi, per a en Nico i l'Àlex no canviava res. Per això van poder consolar les seves amigues:

–Preneu-vos-ho com unes vacances! –va suggerir l'Àlex allargant una mà cap al full amb la llista de la roba blanca i els llibres de text que necessitaven.

–És com si fos un *stage*: imagineu-vos que estem al juliol i que passareu aquí un mes... –En Nico era un prestidigitador: aconseguia transformar els núvols en sol.

–Sí, però i l'escola? –L'Elionor va ser la primera de trencar la il·lusió que aquell mes fos un curs de dansa d'estiu.

–Va, que jo et donaré un cop de mà! –La Violeta necessitava una amiga, i en la Rebeca no es podia confiar. Ara sanglotava, i la seva mare estava feta una fúria.

–Ens ho haurien d'haver dit abans! Nosaltres vivim aquí a la vora, la Rebeca arribaria sempre puntualíssima –va dir, alçant la veu i agafant amb totes dues mans els papers amb les llistes. Estava molt nerviosa, i com més criticava l'escola, més plorava la Rebeca.

Sort que els pares de la Nora i la Violeta es van cansar de seguida de totes aquelles queixes i dels plors i, empenyent les respectives filles, van sortir.

–He llegit la llista, Violeta. Et falta una bossa i alguna altra coseta. Què us sembla si anem en aquella botiga de la cantonada a comprar el que necessitem?

–Seria fantàstic, pare! –A la Violeta no li semblava real i, pensant en el trist paper que havia fet el primer dia, va afegir–: També he de trobar un llibre; és importantíssim!

Ho havia de saber absolutament tot sobre Maria Taglioni abans de dilluns.

Al pare de la Violeta no li desagradava que la seva filla passés un mes fora de casa. Potser així podria convèncer la seva dona que la nena havia triat el seu propi camí, potser el que li convenia.

La Nora també estava contenta, perquè a casa seva semblava que només existís la petita Lavínia.

–Molt bé, tothom a la botiga –va accedir el pare de la Nora, que volia fer-li un regal abans d'anar-se'n.

Últimament s'havia pogut dedicar poc a la seva filla gran.

–Nosaltres també venim! –va exclamar en Nico.

–El meu avi m'ha donat diners i si m'arriben em compraré un parell de CD –va afegir l'Àlex, a qui les malles, les samarretes i les bosses no li interessaven. Ell en tenia prou amb la seva vella motxilla. Del que no podia prescindir era dels àlbums de música clàssica, en concret de música per a piano!

La Violeta no havia vist mai res semblant. Finalment s'havia acostat als aparadors d'aquella botiga immensa que tant l'havia atret el primer dia, aquell primer de setembre que ara li semblava tan llunyà. Cada aparador explicava una història diferent.

–Veus? Aquests són els vestits de *Giselle*, el ballet que es representa aquests dies –li va explicar la Nora.

Els quatre maniquís de l'aparador portaven un tutú blanc i llarg, un vestit de camperola, un de príncep i un de guarda forestal. Escampades per terra hi havia partitures de la música del ballet, recolzades en volums oberts per les fotos de vells intèrprets que la Violeta només havia sentit anomenar.

–Veniu! –les va cridar en Nico, assenyalant l'aparador del costat–. I aquests qui són?

Hi havia quatre maniquís més, amb vestits molt luxosos, tots brodats. Un semblava una gran dama rossa, que duia a la mà un mocador de seda; al seu costat, un altre tenia la cara negra i portava un vestit tot daurat. Segurament eren els protagonistes, va pensar la Violeta, perquè els altres semblaven personatges secundaris.

–No ho endevineu? –va preguntar en Nico.

–Si tu tampoc no ho saps! –A la Nora no se li acudia res.

–Són l'Otel·lo i la Desdèmona. És l'òpera que es representarà després de *Giselle*. –L'Àlex, tan bon punt ho va haver dit, es va mossegar el llavi. Que estúpid, ara en Nico se'n riuria. I justa la fusta:

–Ja, tu ho saps, oi, Àlex? Oi, Alexandre?

Però tant la Violeta com l'Elionor no van fer cas a en Nico, i els seus pares tampoc. Els dos adults van entrar a la botiga sense mirar tots els altres aparadors meravellosos, que oferien altres històries, altres espectacles.

La Violeta estava fascinada i s'hauria quedat amb les mans i el nasset enganxats als vidres durant tot el dia, però el pare tenia raó. Havien de comprar una bona bossa per a dansa. Nova i ben grossa, no com la que tenia a casa. Què més necessitaria per a un mes?

Sort que hi havia l'àvia. La Violeta va agafar el mòbil de la butxaca de la vella bossa de dansa, el va connectar i va marcar el número de l'àvia Paquita. Encara no li havia dit que l'havien admès.

Tot d'una li va venir al cap una cosa terrible. A l'escola et deixaven tenir el mòbil? Si no, com s'ho faria per parlar amb l'àvia?

La Nora la va veure amb el mòbil a la mà i, abans que l'amiga parlés, va formular la mateixa pregunta:

–Vés a saber si es pot fer servir, a la residència. Jo el penso portar. El tindré apagat i l'engegaré només per telefonar. I tu?

–Jo també el portaré, no puc pas tallar el contacte amb el món!

I, amb aquesta seguretat recuperada, van baixar les escales que portaven al pis de sota i es van aturar al davant d'una muntanya de bosses.

10
Ho hem aconseguit!

Era el dilluns següent. El primer dilluns d'una sèrie llarguíssima de dilluns. Però aquest seria diferent: quedaria gravat a la ment i el cor de tots.

La nit havia estat mogudeta. Cadascun dels nois havia reclòs en la foscor les seves pròpies angoixes. Què els esperava, l'endemà? Entrar en aquella escola era el que desitjaven de debò? Van trobar la resposta a les portes dels somnis: sí, era realment el que volien. I, a molts quilòmetres els uns dels altres, es van adormir amb el mateix somriure.

La plaça del Teatre no era tan plena com els matins de la setmana anterior, però era curiós veure com la travessava un exèrcit de maletes de tots colors. Hi havia tants i tants nois arrossegant-ne que dos senyors grans que hi havien anat a parar per casualitat van preguntar al quiosquer si aquell edifici tan majestuós, allà al fons, era un teatre o una estació!

La Violeta havia arribat amb cotxe amb el seu pare, la Sílvia i la seva mare, que havia estat estranyament silenciosa durant tot el viatge.

Com l'Elionor, que aquell matí venia acompanyada de tota la família, incloent-hi la petita Lavínia, en Mateu també tenia al costat la mare, el pare i els dos germanets.

En Nico va arribar amb els seus pares i l'Àlex, el qual, sol i un pas darrere d'ells, mirava els aparadors de la plaça intentant amagar un parell de llàgrimes que ningú no podia veure.

L'avi li havia trucat el vespre abans a l'hotel i l'havia felicitat. En realitat havia farfallejat alguna cosa, però a l'Àlex li havia semblat que l'elogiava. Dels seus pares tan sols va rebre un sms: «Com estàs? Tot va bé?» I prou. De què li servia aquell mòbil amb tantes prestacions que li havia regalat la mare si al capdavall no li trucava mai?

La Jennifer havia estat la primera d'arribar i ara estava escoltant per enèsima vegada les recomanacions de la seva mestra. Havia de procurar ser menys «explosiva» que de costum. Allà segurament no apreciarien els seus recitals i balls espontanis fora del programa!

Les portes de l'escola ja eren obertes quan van arribar quatre taxis, un rere l'altre, que van fer molt de soroll en frenar.

Potser perquè el coneixien, o potser perquè tenien ganes de moure's una mica i l'espera començava a avorrir-los, en Mateu, la Violeta, la Sílvia, l'Elionor, la Jennifer, l'Àlex i en Nico van córrer tots alhora cap a en Philip.

Dos d'ells li van agafar la maleta, la Jennifer la jaqueta, en Mateu la motxilla, i tots alhora el van empènyer cap als seus pares, que els esperaven davant de la porta.

En aquell moment, un home no gaire alt, però decididament atlètic i amb una mirada severa, va treure el cap per la porta. Era en Joan Pau, el monitor dels nois.

De seguida se li van afegir el mestre Oliver i la senyoreta Marylin, que, amb un full a la mà, va començar a cridar les noies, totes alhora: les de cant, dansa i música. Tan bon punt et cridaven, havies d'agafar les teves coses i desaparèixer passadís enllà. Era l'hora del comiat, les abraçades i els plors.

A la Violeta li semblava una escena una mica ridícula per a una estada d'un mes, considerant que els caps de setmana podrien tornar a casa. A ella no li agradaven els escarafalls, però, com que era una de les últimes, va haver d'empassar-se'ls tots. Segurament seria pitjor presenciar els dels nois.

Al final ella també va enfilar el passadís, tot acariciant-se la galta. El seu pare li havia donat una bufetadeta afectuosa, però li havia encomanat una escalforeta molt tendra. La Violeta esperava que li durés tota la setmana.

A l'altre cap del passadís totes les noies havien de pujar al pis de sobre: n'hi havia que pujaven per les escales, i d'altres que esperaven l'ascensor. Totes es van reunir en una sala moblada amb butaques i sofàs, i una gran paret plena de llibres. De seguida es van adonar que no hi havia cap tele!

La senyoreta Marylin, que acabava d'arribar, va començar a parlar.

–Aquest és el vostre punt de reunió. Després de sopar, podeu trobar-vos aquí per parlar, llegir o per relaxar-vos després d'una jornada de treball. Cap allà hi ha les vostres habitacions: hi ha els noms posats a sobre el timbre. No feu comentaris, perquè en cap cas no us canviarem de lloc. Si hi ha cap problema, en parlarem aquest vespre, després de sopar. A la planta baixa hi ha els despatxos, el menjador, unes quantes sales de dansa, el gimnàs i la piscina, la infermeria i l'Aula Magna. Els vestidors són a la planta baixa i al primer pis, on hi ha més sales de dansa. Aquí, al segon, hi ha els vostres dormitoris, la sala de la televisió, on veureu sobretot pel·lícules, aquesta sala d'estar i una petita cuina per preparar begudes calentes i fredes. També hi ha un forn petit, on podeu escalfar-hi alguna pizza.

–Sort, perquè ja em creia la protagonista d'un conte de Dickens. –L'Elionor no podia més d'estar allà palplantada escoltant la sergent. La sostenia només l'alegria de no haver sentit esmentar els estudis, encara.

–Per avui res de classes. Començarem demà, a les vuit en punt a l'aula. Les vostres classes es troben a l'ala central; estudiareu amb tots els altres, els de cant i els de música, si feu el mateix curs, és clar. Recordeu que les aules d'estudi són al centre d'un semicercle que envolta el Teatre per la part del sud; cap aquí hi ha les aules de dansa, a l'altra banda de les de música i de cant i de més dormitoris. Al tercer pis hi ha els alumnes més grans, els que van a l'institut i segueixen els cursos superiors de dansa, música i cant. És fàcil, ja veureu com demà sabreu moure-us per aquí. De totes maneres, a cada llit trobareu un plànol i tots els horaris –va dir, ensenyant-los-en una còpia–. Ara, aneu a les vostres habitacions i desfeu les maletes, poseu-vos el mallot de dansa de l'escola i les sabatilles de gimnàstica. Fiqueu a la bossa tot el que cal per anar a dansa. Trobareu la roba damunt del llit. Serà de la vostra talla i durà el vostre nom cosit a dins. Sobretot, escriviu el vostre nom a la sola de les sabatilles. A dos quarts d'una, al menjador per dinar. I a les dues, la primera classe. I recordeu: els mòbils apagats. Al primer truc seran confiscats!

La sergent Marylin va deixar anar un llarg sospir. Ja estava, per a un altre curs!

Va intentar obrir-se pas entre les noies i es va asseure en una butaca per repassar la llista i aprendre's de pressa els noms de totes. Aquest any les nenes li havien semblat particularment eixerides, ja se n'havia adonat!

La Sílvia va superar un parell de companyes i va marxar la primera passadís avall. Buscava el seu nom, però va trobar abans el de la seva amiga.

–Violeta, tu vas aquí. Nooo, no estem juntes! –va cridar, anant cap a una altra porta–. I jo on dormiré? Ah, aquí... amb la Tatiana. Però qui és?

La Sílvia continuava parlant mentre obria la porta i intentava fer-hi passar la gran maleta que la seva mare havia omplert amb tot allò que, segons ella, no era necessari sinó imprescindible per sobreviure un curs en aquella escola. La Sílvia havia mirat de fer-li entendre que aquella aventura potser només duraria un mes, i que en tot cas aniria a casa els caps de setmana, però no havia servit de res.

La Violeta no havia escoltat la seva amiga perquè, empentada per la Nora, havia estat catapultada sobre un llit d'una gran habitació per a tres.

–T'han posat amb mi, oh, que bé, que bé que no m'ha tocat cap mort! –va dir, estirant-se al llit del costat del de la Violeta.

–*Ehi, help me, please!* –La Jennifer, amb una mà aguantava la porta que la Nora acabava de tancarli als nassos, i amb l'altra empenyia cap a dins la maleta més grossa que la Violeta havia vist mai. Però és que ella havia travessat l'Atlàntic!

–Oh, no! –L'Elionor es va tapar els ulls amb les mans–. Ella no! Se'ns ha acabat la pau!

–Va, que així aprendrem una mica d'anglès –li va somriure la Violeta.

–Potser tens raó... Ja veuràs com aquest curs trauré un vuit sense esforç! Jennifer, ja t'ajudo jo a entrar la maleta! –va exclamar l'Elionor llevant-se de cop del llit–. Però m'has d'ajudar a fer els deures, d'acord?

–*Ok, ok, but my suitcase is too heavy. Help me!*

–Què ha dit?

La Violeta es va afanyar a traduir per a la Nora, que semblava no entendre ni una paraula d'anglès:

–Ha dit que d'acord, però que la maleta pesa massa i que l'ajudis. Comença a aprendre vocabulari, Nora. –I va riure mentre obria el seu armari.

A l'habitació del costat no se sentia ni una mosca. La Rebeca, asseguda amb l'esquena dreta al seu llit, no volia creure el que veien els seus ulls. Era perfecte perquè no li havia tocat amb l'Elionor, que no li queia gens bé, ni amb aquell parell de llargarudes que no paraven de riure, però posar-la amb una japonesa! Quan la seva mare ho sabés!

–*I am Aiko, and you?* –La noia es va presentar fent una petita reverència.

–*I am Rebeca* –va respondre ella. De fet, la seva companya d'habitació semblava maca i segur que parlaria poc, va pensar, obrint la maleta.

–Jo pal·lo poc teva llengua. Jo ensenyo japonès tu, contenta, Lebeca?

La Violeta va desar d'una revolada les poques coses que havia portat. Poques? Li semblaven justes per a cinc dies. Qui sap si en tindria prou per passar la primera setmana... i tot el mes.

De sobte, l'estómac li va donar senyals de vida. Va mirar l'hora: faltava poc per a dos quarts d'una. Es va canviar de pressa i, sense dir res a les seves companyes, va sortir. Amb el plànol de l'edifici a la mà va arribar al menjador. A la porta hi havia esperant una senyora grassoneta i somrient. Devia ser simpàtica i es devia ocupar de la cuina. Que bé! El seu aspecte li donava garanties.

Va mirar la sala encara poc plena i va veure en Nico sol en una taula. S'hi va acostar i li va dir amb un somriure, mentre seia:

–Què fas tot sol? I els altres?

–Saps que no m'han posat amb l'Àlex? –li va dir, mirant-la emmurriat.

–A mi tampoc no m'han posat amb la Sílvia –li va respondre ella.

–Però és que m'han posat amb un de música! No amb un de dansa, ho entens?

–Amb qui?

Abans que tingués temps de contestar, en Philip es va acostar a la seva taula.

–*Avec moi* –va dir somrient, i es va asseure al costat de la Violeta. Potser no havia sentit en Nico, uf!

–I saps que l'Àlex està sol? A la seva habitació hi ha un llit buit. I jo que sóc el seu millor amic...

–I jo? Jo què he de dir? –En Mateu se'ls va acostar, tot vermell, i es va deixar caure al costat d'en Nico, que li va preguntar:

–Amb qui t'han posat?

Esperava sentir una resposta horrible, per no ser l'únic que hagués de patir.

–Amb un desconegut de dansa, mut; mut del tot!

–I com t'ho faràs? –va riure la Violeta, pensant que en Mateu no callava mai.

–Aquesta nit demanaré a en Joan Pau que em canviï. No vull estar amb algú que ni tan sols m'ha saludat. Imagina't: només m'ha dit «Jai» i prou; es deu haver fet mal obrint la porta.

–T'ha dit *hi*, hola en anglès. Que ignorant! –En Nico començava a estar content. Almenys ell estava amb en Philip, que parlava poc però era amable, i de passada segur que aprendria una mica de francès. I aquí a l'escola havien d'estudiar dues llengües estrangeres. De manera que potser li donaria un cop de mà amb els deures. Sí, potser havia tingut més sort que d'altres.

Es van aixecar per anar cap al mostrador del self-service i, com que no es volien arriscar, tots quatre van triar macarrons amb salsa de tomàquet. Eren veritablement excepcionals, i el silenci es va imposar en aquella taula: tots estaven concentrats acabant-se el plat. Cap dels nois no es va adonar dels ulls que els miraven.

I és que les mirades de les noies de les altres taules estaven concentrades en la Violeta, l'única noia en aquella taula de nois. Havien d'acostumar-s'hi: a ella li resultaven més simpàtics!

Després de la fruita, els monitors van entrar al menjador.

–Pugeu a les habitacions a agafar les vostres coses i aneu de seguida a la sala gran. Allà us dividireu entre les classes de dansa.

Un soroll de cadires i rialletes va acompanyar la sortida dels nois, junt amb el somriure de l'Anita.

–Has vist la cuinera? –va preguntar en Mateu a la Violeta–. M'han dit que es diu Anita, què et sembla? Més aviat li haurien de dir Anota, no pas Anita! –i va riure de bona gana.

–Doncs sembla simpàtica, i deu ser molt amable –va suggerir la Violeta, que en sortir la va mirar i li va somriure. A ella l'Anita li agradava molt.

–Per com ens l'ha descrit a l'hora de dinar, em penso que el company d'habitació d'en Mateu és en Julio. Va a la nostra classe. –En Nico ho explicava a l'Àlex mentre entraven a l'aula.

La Violeta, una fila més endavant, també va posar l'Elionor al corrent sobre els nous descobriments. Però ella semblava distreta:

–I aquell de l'esquerra, tan alt i tan guapo, com es diu?

La Nora, com totes les altres, es va quedar penjada mirant el noi que acabava d'entrar.

–*Pardon*, em dic Charles, Charles Balmas –va dir ell en aquell moment, adreçant-se a la directora.

–Posa't a la fila amb aquests nois, avui faràs la classe amb ells; després ja veurem a quina classe et posem. I doncs, noies, voleu concentrar-vos, sisplau?

La directora s'havia adonat de l'atractiu que posseïa el noi, tan jove.

Un problema que se sumava als altres, en aquell any que segurament seria mogudet. Mai no havien entrat a l'escola tants alumnes estrangers. Qui sap amb quines dificultats es trobarien. I quants nois hi havia?

Els mirava un per un. Guapos, ben proporcionats quasi tots, però terriblement eixerits. I aquell Charles tan atractiu... i en Julio... A més dels problemes de les classes grans, aquest any hi havia, a més, aquell noi. Era imprescindible que ningú no en conegués la identitat, perquè, si no, a l'escola s'hauria acabat la pau. Periodistes, televisió... Déu meu... Déu meu senyor... I després aquella noieta de cabells vermells, en qui li feia pensar?

–Es troba bé, directora? –L'Oliver la tenia agafada pel colze amb un braç, perquè li havia fet l'efecte que estava a punt de desmaiar-se. «El primer dia és emocionant per a tothom», va pensar.

A LA BARRA, NOIS, ARA COMENCEM TOTS JUNTS...
MÚSICA, SISPLAU.
LA VIOLETA ERA ALLÀ, HO HAVIA ACONSEGUIT!

Índex

Qui és Aurora Marsotto?

L'Aurora, ballarina

No sé què m'agradava més, si la dansa, o la música, o els decorats, o els vestits. Però sé que de petita, de ben petitona, m'agradava molt anar amb els pares a veure espectacles de dansa.

Per a mi era com ficar-me en una capseta màgica, on esperava que comencés un conte. El cor em bategava ben fort quan els llums s'apagaven lentament i quan, encara més lentament, el teló s'obria. La màgia havia començat i jo em sentia transportada a l'escenari, em sentia una ballarina més.

Però la dansa se'm va ficar a dins de debò una nit d'estiu. Pressentia que aquella funció seria diferent: tot el públic del Parco di Nervi vibrava; els meus pares esperaven «un rus excepcional». Aquella nit estrellada, en què el jardí genovès era el marc ideal per a *El llac dels cignes*, aquell rus va estar admirable. En acabar, semblava que els aplaudiments no haguessin de parar mai: era Rudolf Nureyev!

No vaig començar a fer ballet perquè volgués ballar com Nureyev; potser ho vaig fer perquè era molt alta, i a casa volien que aprengués a moure'm amb més gràcia que una girafa, o potser perquè a la mare li agradava moltíssim la dansa i els seus pares no l'hi havien deixat fer. Al començament no va ser tan bonic; de fet, més aviat m'avorria. Però hi havia la música, el piano, i a mi tot em semblava fàcil. Aprenia moltes coses: com subjectar els cabells amb les agulles, com evitar les butllofes als peus, per a què servia la capsa de pegunta, al costat de la qual ens aturàvem per xerrar més que no pas per enllardar-nos les puntes de les sabates per no relliscar...

Fins que, un bon dia, vaig descobrir que m'agradava més estar entre bastidors que a l'escenari, i que la dansa té una història tan llarga com l'home. Va ser la primera forma d'expressió humana, els pobles van començar a comunicar-se entre ells a través dels gestos, i celebraven tant els naixements com les morts, les collites i l'arribada de cada nova estació... amb la dansa! Des de llavors, em dedico a narrar aquesta història, a parlar dels seus protagonistes, els seus espectacles. Per a vosaltres, aquest cop he escrit una història especial, que és la de molts nois i noies, i que algun dia podria ser també la vostra!

Aurora Marsotto

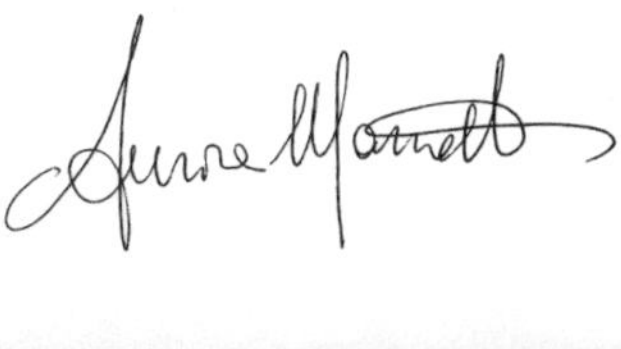

Qui és Donata Pizzato?

La Donata, bruixa

Vaig néixer en un poble a prop de Venècia, un llogarret rural molt bonic. Hi vaig passar els meus primers vint anys, entre camps de blat de moro, canals de rec, animalets i trens, rere els quals calia córrer cada dia per anar a escola a la ciutat (amb els rellotges no m'hi entenc gaire, però amb els trens sí!).

M'agrada molt llegir, caminar i anar amb bici.

De petita, volia ser pirata per poder travessar els mars en un veler, o bé bruixa, per poder volar. Però a mesura que creixia vaig anar descobrint que la meva veritable passió era dibuixar.

Així, en part perquè al poble no hi havia velers, en part pels pobres resultats obtinguts amb l'escombra voladora, la meva atenció es va centrar en els còmics i els dibuixos animats: m'agradaven tant que em vaig posar a jugar amb els llapis. Dibuix rere dibuix, vaig comprendre que, per a mi, el paper, els colors i la imaginació eren la manera més fàcil de viatjar a la recerca de nous mons i aventures!

Després d'estudiar Belles Arts, vaig treballar en

un estudi de decorats, on em vaig entusiasmar amb el món del teatre. Més tard me'n vaig anar a viure a Milà per fer-hi de dibuixant.

Ara treballo en un estudi que comparteixo amb dibuixants de còmic i il·lustradors, i hi aprenc un munt de coses!

Visc amb la meva amiga Vanessa i els seus dos gats bojos, però quan tinc temps lliure torno al poble, amb la meva família, el meu germà, les meves germanes i els meus nebots.

Tinc un somni pendent: fer la volta al món amb bicicleta, i també voldria aprendre a ballar, però com que amb les sabatilles de ballet sóc un desastre, he decidit apropar-me a la dansa de la manera que m'és més fàcil: dibuixant!

Donata Pizzato

Donata Pizzato

Entra a l'escola de dansa

1. Un somni sobre puntes

2. Ha nascut una estrella

3. La nit de la Gran Gala

4. Excursió a pas de dansa

amb la Violeta i els seus amics!

5. El retrat misteriós

6. Tothom al concurs!

7. Passió pel musical

8. Un Romeu per a dues Julietes

Entra a l'escola de dansa

9. SOS: vénen els exàmens!

10. Pas de comiat

Ja estàs a
punt per començar
el segon curs?

11. Tres passos endavant

ımb la Violeta i els seus amics!

Els secrets de la ballarina

número especial

La Violeta et guia per la història de la dansa en aquest volum de més de 300 pàgines.

Inclou pòster de regal!

Si aquest llibre que has llegit t'ha fet venir ganes de llegir més o de ballar, deu voler dir que t'ha agradat. Si és així, a què esperes per explicar-ho als teus amics i amigues? Segur que a ells també els agradarà conèixer els personatges que han fet que passis una estona ben agradable. Ah, i no cal que hi vagis fent puntes.

El diari de la Violeta

Dilluns, 16:00, al menjador

Avui he anat per primer cop a classe de dansa a la nova escola.

Per sort la meva antiga mestra va perdre dues classes per ensenyar-nos a cordar bé les sabatilles de ballet. Gràcies a això he rebut el meu primer i últim «molt bé!» de la monitora, la Marylin!

La monitora és la noia que ens va rebre el primer dia. És la nostra ombra, ens acompanya a tot arreu i vigila que vestim correctament per rebre la lliçó. En una paraula, estem més vigilades que els soldats a la caserna! És per això que l'hem batejat amb el sobrenom de sergent Marylin...

Als vestidors, he ajudat la Nora perquè no la renyessin: s'havia cordat malament les sabatilles i les cintes li penjaven damunt dels peus...

És molt fàcil:

es posa la sabatilla i s'encreuen les cintes per davant del turmell (al començament és millor que siguin de cotó i no pas de ras, perquè el ras rellisca, sobretot si és nou i encara no s'ha rentat) els dos extrems s'encreuen darrere la cama, just per damunt del taló, i es tornen a portar cap al davant, es tornen a encreuar i es porten al darrere, sostenint un extrem amb la mà dreta i l'altre, amb la mà esquerra,

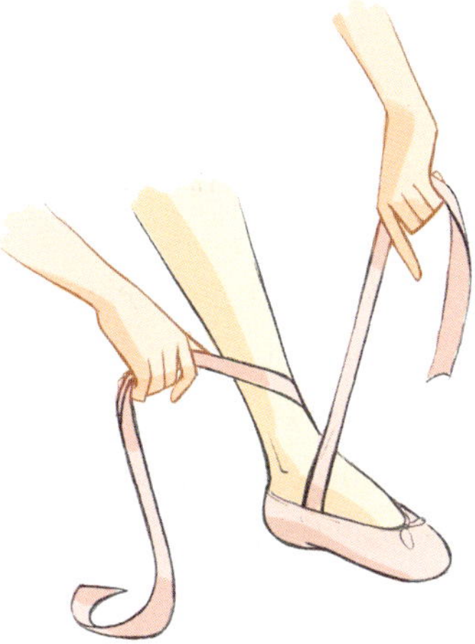

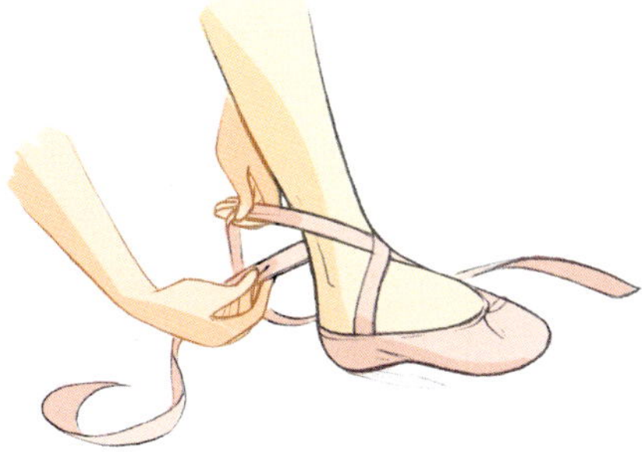

es fa un nus i després un llaç; una baga i un extrem es fiquen a una banda, i els altres, a l'altra, però tots dos a sota de les voltes de la cinta superposades.

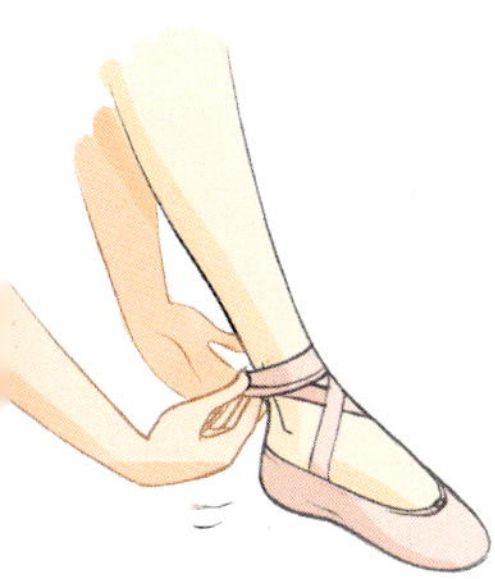

Hi ha dues coses importants: les cintes han de quedar ben superposades al turmell, com si es tractés d'una sola cinta que l'embolcalla. Els nusos finals han de quedar ben ficats sota les cintes, perquè, si no, en ballar surten i això vol dir problemes!

Dilluns al vespre, a la meva habitació

Quantes emocions el primer dia de classe, sobretot després d'haver hagut de passar tantes proves!

La Jennifer i la Nora ja dormen, però jo no puc aclucar els ulls. He agafat el llibre d'història de la dansa que m'ha comprat el papa a la Botiga del Teatre i he buscat a l'índex «Maria Taglioni», la ballarina a qui està dedicada la sala on fem les classes.

He descobert que va néixer a Estocolm el 1804, en una família de coreògrafs i ballarins italians. Va estudiar dansa amb el seu pare, el severíssim Filippo, un cèlebre ballarí i coreògraf, que va compondre per a ella nombrosos ballets.

La sílfide n'és un: la Maria el va representar per primer cop a París, al Teatre de l'Òpera el 1832. El vestit que duia també era una novetat: el tutú era llarg, gairebé fins als peus, i molt lleuger, perquè ella pogués semblar un esperit. La Maria va tenir tant d'èxit per la seva nova manera de ballar, senzilla i poètica, que per al·ludir-la n'hi havia prou de dir «la Sílfide», i tothom sabia de qui es parlava.

Les senyores van copiar-li el pentinat, amb la clenxa al mig i els cabells, que tapaven les orelles, recollits en un monyo baix, a l'altura de la nuca.

Demà faré una fotocòpia del seu retrat amb el tutú i me'l penjaré a l'habitació! Mentrestant, el dibuixo aquí...

Aquesta Sílfide m'ha despertat tanta curiositat que n'he llegit l'argument. És un conte preciós i trist: la vigília del casament d'en James i l'Effie, ell veu un esperit del bosc (la Sílfide), que el convida a seguir-lo. Ella porta un tutú llarg, lleugeríssim, i dues petites ales, que li permeten volar al bosc encantat, «fent saltirons». Ell porta el kilt tradicional. Es tracta del primer ballet romàntic ambientat a Escòcia.

En James segueix la Sílfide i se n'enamora. Té por de perdre-la, de manera que, tan bon punt ella se li acosta, per tenir-la sempre amb ell, l'embolica amb una bufanda blanca (que incautament ha acceptat d'una bruixa). Embolcallada amb la bufanda, la Sílfide perd les ales i mor. En James està desesperat i, des de lluny, veu el seguici nupcial de l'Effie, que es casa amb un altre.

És una història tan trista que al final quasi m'he posat a plorar...

Dimarts a les sis, al menjador

Avui, a classe amb la senyoreta Odette hem començat repassant les cinc posicions. És veritat, és el primer que s'aprèn, però fer-les bé és difícil! Ella ens les ha explicat així...

Primera posició: Les cames es giren cap enfora, amb els talons tocant-se i les puntes del peu enfora. Els peus formen una línia recta.

Segona posició: Mantenint la línia recta de la primera posició, els peus se separen. La distància correspon a la llargada del peu més una meitat. El pes del cos s'ha de repartir entre els dos peus.

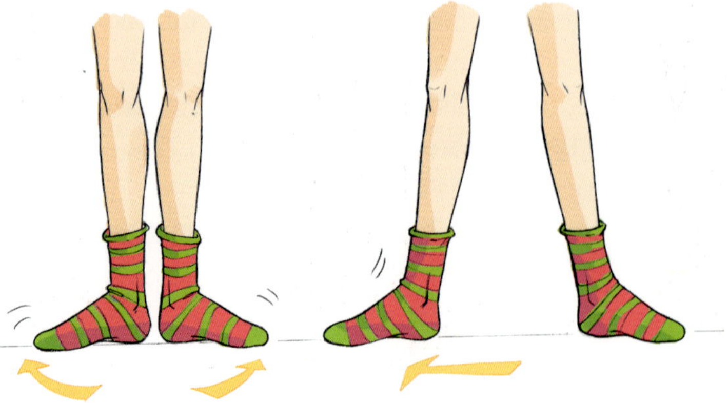

Tercera posició: El peus han d'estar del tot oberts cap enfora i parcialment superposats, de manera que el taló d'un peu quedi al davant de l'arc plantar del peu del darrere. És el pas previ a la cinquena posició.

Quarta posició: Per aprendre-la es parteix de la tercera posició, i es fa avançar el peu uns quants centímetres. Però, un cop apresa la cinquena posició, es fa partint d'aquesta i, així, es converteix en una quarta ben «encreuada», amb el taló del peu avançat, en línia amb la punta del de darrere.

Cinquena posició: Partint de la tercera posició, els talons s'empenyen cap endins, bo i mantenint les puntes dels peus cap enfora. Els peus han de quedar ben serrats i el dit gros d'un peu ha de coincidir amb el taló de l'altre peu.

Dimecres al vespre, a la meva habitació

Avui he d'aprendre a fer-me el monyo sí o sí!

Estic asseguda al davant del mirall i he escampat per terra tot el que necessito: les agulles de ganxo llargues (com les que m'ha deixat la Rebeca), una goma prima i una xarxeta fina, del mateix color que els cabells. Me n'he de sortir de totes passades!

La Rebeca m'ho ha explicat bé, només he de seguir tots els passos:

* M'he de fer una cua ben tibada (ni alta ni baixa).
* L'he d'enrotllar al voltant de la goma en forma d'ensaïmada, plana.
* L'he de sostenir i cobrir-la amb la xarxeta (no en tenien de vermelles, o sigui que l'he comprat marró. Em quedarà bé igual...).
* He de ficar l'elàstic de la xarxeta sota el monyo i subjectar-la amb les agulles. Per a més seguretat, també hi puc posar un parell de clips perquè no es mogui.

La Rebeca m'ha dit que les que en saben el subjecten amb un parell d'agulles... Tardaré dos anys a aprendre'n!

Nico

Àlex